Deutsch als Fremdsprache

Wiebke Heuer
Edith Schober
Wolfgang Baum
Ulrike Haas
Raffaella Pepe

Schritte international im Beruf 2 – 6

Aktuelle Lesetexte aus Wirtschaft und Beruf

Hueber Verlag

3. 2. 1. | Die letzten Ziffern
2014 13 12 11 10 | bezeichnen Zahl und Jahr des Druckes.
Alle Drucke dieser Auflage können, da unverändert,
nebeneinander benutzt werden.
1. Auflage

Verlagsredaktion: Valeska Hagner, Hueber Verlag, Ismaning
Herstellung: Astrid Hansen, Hueber Verlag, Ismaning
Umschlagfotos: von links: © iStockphoto/peepo; © fotolia/nyul; © panthermedia.net/Bernd Leitner
Druck und Bindung: Himmer AG, Augsburg
Printed in Germany
ISBN 978-3-19-661851-8

Inhalt

Rauchverbot in Restaurants: Was bedeutet das für die Tabakindustrie?

1 Raucher oder Nichtraucher?

a Machen Sie eine Statistik: Wie viele Raucher gibt es im Kurs? Wie viele Nichtraucher?

b Erzählen Sie. Verwenden Sie die Redemittel unten.

Ich rauche selten / manchmal / regelmäßig / stark / nur passiv.
Ich habe noch nie geraucht.
Ich rauche seit ... Jahren / ... Zigaretten pro Tag.
Ich rauche vor allem am Abend / in der Arbeit / zu Hause / im Café oder im Restaurant.

2 Sehen Sie die Fotos an. Ergänzen Sie die Wörter.

der Aschenbecher • das Feuerzeug • die Werbung • die Zigarettenmarke

© Interfoto/Pulfer

© panthermedia / Dieter B.

© Irisblende

3 Lesen Sie den Text. Kreuzen Sie an: richtig oder falsch?

Rauchverbot in Restaurants – was bedeutet das für die Tabakindustrie?

In Deutschland raucht jeder dritte Erwachsene und jeder fünfte Jugendliche. Es gibt hier also viele Raucher. Auch in Österreich und in der Schweiz ist das so. Leider. Denn man weiß: Rauchen ist ungesund. Raucher und Passivraucher werden oft krank und Kranksein kostet viel Geld.

Auf Bahnhöfen, Flughäfen und Behörden, in Schulen und Krankenhäusern war das Rauchen deshalb schon seit einiger Zeit verboten. Nun hat man in den deutschsprachigen Ländern aber noch mehr getan: Jetzt ist das Rauchen auch in Restaurants verboten. Das bedeutet: Raucher müssen auf die Straße gehen und dort rauchen. Das ist ungemütlich[1], denn da ist es oft nass und kalt. Die Tabakindustrie aber hat schon eine passende Antwort gefunden: Sie bietet eine neue Zigarette an: den *Nikotin-Espresso*, eine Zigarette für das schnelle Rauchen: Sie ist kurz und dick und mit viel Nikotin.

1 ungemütlich: Es regnet und ist kalt – das Wetter ist ungemütlich. Der Stuhl ist hart: Man sitzt nicht gut. Er ist ungemütlich.

Rauchverbot in Restaurants: Was bedeutet das für die Tabakindustrie?

In manchen Regionen ist das Rauchverbot in Restaurants nicht ganz so streng[2]: In großen Restaurants mit mehreren Räumen gibt es zum Beispiel Extra-Räume für Raucher. Auch mit dieser Idee hat die Tabakindustrie kein Problem, denn sie kann diese Raucher-Räume gestalten[3]. Mit Aschenbechern, Feuerzeugen, Lampen, Plakaten und dem Farbdesign kann man für eine Zigarettenmarke viel Werbung machen.

Das Rauchverbot in Restaurants ist vor allem für die Nichtraucher gut. Aber auch – und das ist interessant – für die Tabakindustrie: Sie kann ihren Kunden neue Produkte anbieten und in Raucherräumen weiter gut Werbung machen. Und das ist wichtig für die Tabakkonzerne, denn seit einigen Jahren ist Werbung für Zigaretten im Radio und Fernsehen, in Zeitungen und – bis 18 Uhr – auch in Kinos verboten.

2 *Das Rauchverbot ist nicht ganz so streng.* Das bedeutet: Man darf schon noch rauchen.
3 gestalten, hat gestaltet: einrichten und dekorieren

		richtig	falsch
a	In Österreich und in der Schweiz rauchen nicht so viele Menschen.	☐	☐
b	Man darf im Rathaus nicht rauchen.	☐	☐
c	Ein Nikotin-Espresso ist ein Kaffee und eine Zigarette.	☐	☐
d	Die Tabakindustrie findet das Rauchverbot nicht schlecht.	☐	☐
e	Raucher müssen jetzt schnell viel rauchen.	☐	☐
f	Raucher-Räume sind gut für Zigarettenwerbung.	☐	☐
g	Im Kino darf man ab 18 Uhr rauchen.	☐	☐

4 Was steht im Text? Antworten Sie.

a Wie viele Erwachsene und wie viele Jugendliche rauchen in Deutschland?

b Welches Problem haben Raucher und Passivraucher?

c Wo darf man nicht rauchen?

d Wo darf man rauchen?

e Wie kann die Tabakindustrie in Restaurants Werbung machen?

f Wo darf die Tabakindustrie keine Werbung mehr machen?

Bergkäse oder Schafmilch-Joghurt: Wie Schweizer Bauern ihr Geld verdienen

1 Sehen Sie die Fotos an und ergänzen Sie die Wörter.

der Bauernhof, ¨-e • der Berg, -e • die Kuh, ¨-e • die Bäuerin, -nen / der Bauer, -n
(die Landwirtin, -nen / der Landwirt, -e)

a Welche Lebensmittel produzieren die Bauern? Sammeln Sie.

b Kreuzen Sie an: Produkte mit diesem Symbol BIO SUISSE **sind**

☐ vegetarisch. ☐ typisch schweizerisch. ☐ biologisch.

c Wie heißen diese Tiere? Ordnen Sie zu.

der Bison • der Büffel • das Lama • das Schaf • ~~der Strauß~~

der Strauß

Bergkäse oder Schafmilch-Joghurt: Wie Schweizer Bauern ihr Geld verdienen

2 Lesen Sie den Text. Welche Überschrift passt? Ergänzen Sie.

Neue Farben, neue Fleischsorten *Bio ist beliebt*
Regional und/oder international *Viel Arbeit, wenig Lohn*

Bergkäse oder Schafmilch-Joghurt: Wie Schweizer Bauern ihr Geld verdienen

____

Für Bauern ist das Leben nicht einfach: Die Arbeit auf dem Bauernhof ist schwer und der Verdienst ist nicht gut. Besonders in der Schweiz ist die Situation für die Bauern schwierig: Denn dort sind die Preise für Maschinen und Geräte und für das Tierfutter[1] hoch und die Konkurrenz[2] ist groß: Bauern aus anderen europäischen Ländern können oft mehr produzieren und ihre Produkte billig verkaufen.

____

Das können Schweizer Bauern mit ihren kleinen Höfen nicht. Sie brauchen also besonders gute Produkte. Und so stellen viele Schweizer Bauern jetzt Berg- und Bioprodukte her: Bergkäse, Bergmilch, Bergjoghurt und Bergbutter, aber auch Bio-Obst, Bio-Gemüse und Bio-Fleisch. Das Konzept funktioniert: Schon jetzt gibt es einen großen Markt für Bio-Produkte, und dieser Markt wächst[3]: Denn immer mehr Menschen in der Schweiz und in anderen EU[4]-Ländern finden gesundes Essen und einen gesunden Lebensstil sehr wichtig.

____

Doch nicht alle Schweizer Landwirte leben von Bio- und Bergprodukten. Viele verdienen ihr Geld auch anders: Sie züchten[5] und verkaufen ganz neue Produkte: Beim Gemüse und beim Obst sind das zum Beispiel rote oder blaue Kartoffeln, gelbe Tomaten oder weiße Erdbeeren. Bei den Milchprodukten sind Joghurt aus Schafmilch und Büffelkäse relativ neu im Angebot. Und beim Fleisch kann man Büffel-Bratwurst und Fleisch von Straußen, Lamas oder Bisons probieren.

____

Ein Ziel[6], zwei Wege: Die Schweizer Bauern wollen Bauern bleiben und dabei Geld verdienen, also finanziell überleben. Die einen tun das mit neuen, regionalen[7] Lebensmitteln, die anderen mit neuen, internationalen Produkten.

(Quelle: www.swissworld.org)

1 Tierfutter das: Essen für Tiere (Hunde, Katzen, Hasen, Kühe, ...)
2 Konkurrenz die: Jeder möchte besser sein, jeder möchte mehr haben, mehr verkaufen, mehr Geld verdienen.
3 wachsen, ist gewachsen: mehr (oder größer) werden
4 EU die: die Europäische Union
5 züchten, hat gezüchtet: Tiere oder Pflanzen „produzieren“
6 Ziel das, -e: Zum Beispiel: Ich möchte Deutsch lernen. Das bedeutet: Ich habe einen Wunsch bzw. ein Ziel.
7 regional: Etwas kommt aus einer bestimmten Region.

3 Lesen Sie den Text noch einmal und beantworten Sie die Fragen.

a Warum ist das Leben für die Schweizer Bauern nicht einfach?

b Welche neuen Produkte stellen die Schweizer Bauern her?

c Warum essen viele Menschen Bio-Produkte?

d Finden Sie Beispiele für heimische und internationale Produkte.

Drei Berufe kurz vorgestellt: Wer macht was, wo und womit?

1 Sehen Sie die Fotos an und sammeln Sie Wörter zu den drei Arbeitsplätzen. (Geschäft, Lkw und Reisebüro)

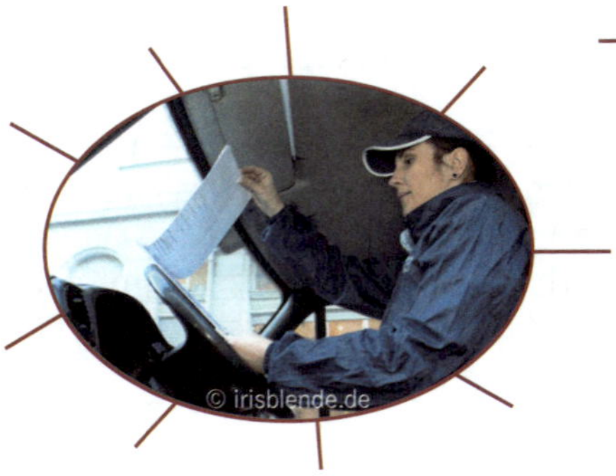

2 Lesen Sie die Texte und ergänzen Sie die Tabelle. Besprechen Sie die Ergebnisse im Kurs.

Tipp: Sie müssen in den Texten nicht jedes Wort verstehen. Sie sollen nur die Antworten auf die vier Fragen in der Tabelle finden.

Verkäufer/-in

Verkäufer arbeiten in Supermärkten, Bäckereien, Buchhandlungen, Kaufhäusern, in kleinen Läden und großen Geschäften. Sie verkaufen ganz verschiedene Dinge: Lebensmittel, Bücher, Kleidung, Elektrogeräte, Autos und vieles mehr. Jeder Verkäufer muss seine Produkte bzw. Waren sehr gut kennen, sie zeigen und erklären können, denn die Kunden wollen seinen Rat: Welcher Käse passt am besten zu welchem Wein, welche Bücher sind interessant, welche Krawatten sind gerade modern, welche Waschmaschine funktioniert auch noch in zwölf Jahren, welches Auto fährt sicher und gut, kostet aber nicht so viel ... Man sieht: Ein Verkäufer muss viele Fragen beantworten können und deshalb viel wissen.

Verkäufer müssen oft am Wochenende arbeiten und viel stehen. Sie müssen kompetent, freundlich und höflich sein, denn sie haben viel Kundenkontakt. Und die Kunden müssen zufrieden sein – sonst kaufen sie nichts.

Reiseverkehrskauffrau/-kaufmann

Reiseverkehrskaufleute organisieren und verkaufen Reisen. Im Reisebüro informieren sie Kunden über Reiseziele und geben ihnen Ratschläge: Wo kann man schön Urlaub machen, mit welchem Verkehrsmittel (Auto, Bus, Bahn oder Flugzeug) kommt man am besten dorthin, welche Hotels oder andere Unterkünfte gibt es am Urlaubsort und wie viel kosten diese? Sind dort überhaupt noch Zimmer frei? Das alles müssen Reiseverkehrskaufleute wissen und den Kunden sagen. Wichtig ist für sie also: offen, freundlich und hilfsbereit sein und gut mit Zahlen und Preisen umgehen können.

Reiseverkehrskaufleute arbeiten auch in Touristeninformationszentren. Dort informieren sie Urlaubsgäste über Ausflugsziele: Was kann man am Urlaubsort besichtigen? Wie viel kostet der Eintritt für ein Schloss, eine Kirche oder ein Museum? Wie kommt man dorthin? Wann fährt der Bus oder der Zug? Auch in Touristeninformationszentren sucht man für die Gäste Übernachtungsmöglichkeiten, denn manchmal haben diese vor ihrer Abfahrt kein Zimmer reserviert.

Im Reisebüro telefoniert man oft und arbeitet viel mit Prospekten und Katalogen. Ein wichtiges Arbeitsmittel ist natürlich auch der Computer: Denn im Internet und per E-Mail bekommt man schnell viele Informationen und Kontakte weltweit.

Drei Berufe kurz vorgestellt: Wer macht was, wo und womit?

Berufskraftfahrer/-in

Berufskraftfahrer sind immer unterwegs: Sie transportieren Güter und Produkte und fahren diese oft von einem Land in ein anderes Land. Deshalb müssen sie auch Schreibarbeiten erledigen, an der Grenze Zollformulare ausfüllen und die Verkehrsregeln und -zeichen im Ausland kennen. Bei Problemen mit dem Fahrzeug müssen Berufskraftfahrer manchmal auch kleine Reparaturen selbst machen.

Berufskraftfahrer sitzen viele Stunden in der Fahrerkabine hinter dem Steuer und sind auch oft nachts unterwegs. Sie müssen sehr vorsichtig sein und gut aufpassen, denn auf den Straßen können leicht Unfälle passieren. Berufskraftfahrer sollten aber auch pünktlich und zuverlässig sein und Termine einhalten: Denn Personen und Produkte müssen zu einer bestimmten Zeit an einem bestimmten Ort ankommen oder wieder abfahren.

	Was machen ...? (= Tätigkeiten)	**Wo arbeiten ...?** (= Arbeitsplatz)	**Womit arbeiten ...?** (= Arbeitsmittel)	**Wie müssen ... sein? / Was müssen ... können?** (= Eigenschaften / Fähigkeiten)
Verkäufer	*verkaufen, (Produkte) zeigen und erklären, Ratschläge geben*			
Reiseverkehrskaufleute		*in Reisebüros, in Touristeninformationszentren*		
Berufskraftfahrer			*mit Fahrzeugen, Gütern und Produkten*	

Drei Berufe kurz vorgestellt: Wer macht was, wo und womit?

3 Was sind Sie von Beruf oder was möchten Sie werden? Machen Sie Notizen und stellen Sie Ihren (Wunsch-) Beruf vor. Die Redemittel helfen Ihnen dabei.

Ihr Beruf:	Was machen Sie?	Wo arbeiten Sie?	Womit arbeiten Sie?	Wie müssen Sie sein?	Was müssen Sie können?

Seinen Beruf nennen:
Ich arbeite als ... . / Ich möchte als ... arbeiten.
Ich bin ... von Beruf. / Ich möchte ... werden.

Den Arbeitsplatz nennen:
Als ... arbeitet man in einem / einer / in ... .
Ich möchte später am liebsten in einem / in einer / in ... arbeiten.

Über die Arbeitsmittel sprechen:
Ich arbeite vor allem mit dem Computer / mit ... .
Für meine / diese Arbeit ist / sind ... wichtig.
Ich brauche für meine / diese Arbeit ... .

Die Tätigkeiten beschreiben:
... haben folgende Aufgaben: ... .
... machen Folgendes: ... .
Als ... hat man folgende Aufgaben: ... .
Als ... macht man Folgendes: ... .
Ich muss vor allem ... .

Über wichtige Eigenschaften und Kenntnisse sprechen:
Als ... muss man vor allem ... sein.
Als ... sollte man vor allem ... sein.

Als ... muss man ... können.
Als ... sollte man gut ... können.

Zwei Brüder, zwei Firmen

1 Sehen Sie die beiden Fotos an. Was denken Sie? Sammeln Sie mit Ihrer Partnerin / Ihrem Partner.

2 Lesen Sie den Text und ordnen Sie zu: Was ist wann passiert?

Zwei Brüder, zwei Firmen

Kennen Sie die zwei Logos auf den Fotos von oben? Richtig! Diese beiden Logos sind die Symbole von zwei Sportartikel[1]-Herstellern: Das eine ist das Logo von *adidas*, das andere von *Puma*. Beide Firmen sind groß und sehr bekannt. Und beide haben ihre Zentrale in Herzogenaurach. Herzogenaurach? Tja, Herzogenaurach ist klein und ziemlich unbekannt: Die Stadt hat nur 23 000 Einwohner und liegt in der Nähe von Nürnberg im Bundesland Bayern.

Warum sind *adidas* und *Puma* in Herzogenaurach „zu Hause"? Nun, das hat einen Grund. Denn schon um 1880, Ende des neunzehnten Jahrhunderts also, hat das Schuhmacher-Handwerk dort eine große Rolle gespielt: Damals hat es in Herzogenaurach 25 Firmen aus der Schuh-Branche gegeben – die Stadt war also eine Art Schuh-Zentrum in Deutschland.

Auch Adi und Rudolf Dassler waren aus einer Schuster-Familie. 1920 haben die beiden Brüder mit der Produktion von Sportschuhen begonnen. Zusammen haben sie vier Jahre später die „Gebrüder Dassler Schuhfabrik" gegründet[2]. 1925 waren der erste (1.) Laufschuh und der erste Fußballschuh fertig. Beide Brüder waren sportlich und haben ihre Schuhe selbst ausprobiert. Ihr erstes großes Ziel haben sie dann bei der Olympiade 1936 in Berlin erreicht: Damals hat der Leichtathlet Jesse Owens vier Goldmedaillen bekommen und dabei Dassler-Schuhe getragen!

Nach 1948 hat Rudolf nicht mehr bei der Gebrüder Dassler Schuhfabrik gearbeitet, denn er und sein Bruder hatten oft verschiedene Meinungen.

Rudolf hat eine eigene Firma gegründet: Ihr hat er den Namen *Puma*[4] gegeben – so haben seine Freunde ihn immer genannt. Auch Adi Dasslers Schuhfabrik hat damals den Namen gewechselt und heißt seit 1949 *adidas* – nach den ersten drei Buchstaben von **Adi Das**sler.

Adidas und *Puma* haben auch in den nächsten Jahren und Jahrzehnten mit bekannten Sportlern zusammengearbeitet und viel erreicht: Mit Schuhen von *adidas* ist Deutschland 1954 und 1974 Fußball-Weltmeister[5] geworden. 2006 ist das italienische Fußball-Nationalteam dann Weltmeister geworden – mit Kleidung und Schuhen von *Puma*. Heute sprintet Usain Bolt mit *Puma*-Schuhen zu neuen Weltrekorden und *adidas* ist Partner von drei wichtigen Teams aus der Fußball-Champions League: vom italienischen Verein *AC Mailand*, von *Real Madrid* aus Spanien und vom *FC Bayern München*.

Adi und Rudolf Dassler leben schon lange nicht mehr. Neue Geschäftsführer haben die Führung bei *adidas* und *Puma* übernommen. Die Kooperation mit Fußball- und Tennisspielerinnen und -spielern, Leichtathletinnen und Leichtathleten, Rennfahrern und vielen anderen Sportlern ist natürlich geblieben. Zusammen mit *Nike* zählen *adidas* und *Puma* zu den drei großen Sportartikel-Herstellern in der Welt. Beide Firmen produzieren aber nicht mehr nur Sportartikel. Sie verkaufen nun auch Mode und Accessoires, sogenannte Lifestyle-Produkte.

Übrigens: Vor kurzem haben beide Firmen ihren 60. Geburtstag gefeiert. Wir wünschen weiterhin alles Gute!

1 Sportartikel der, -: Sportschuhe, Jogginganzüge, Ski sind zum Beispiel Sportartikel.
2 (eine Firma) gründen, hat gegründet: eine Firma „starten"
3 Leichtathlet der, -en: Leichtathleten sind Sportler. Sie laufen schnell, springen weit etc..
4 Puma der, -s: Ein Puma ist eigentlich ein Tier, eine Raubkatze. Sie ist gelblich bis silbergrau.
5 Weltmeister der, -: der beste Sportler, die beste Sportlerin, das beste (Fußball-)Team weltweit

Zwei Brüder, zwei Firmen

1880	haben Adi und Rudolf Dassler eine Schuhfabrik gegründet.
1920	haben die Italiener bei der Fußball-Weltmeisterschaft gewonnen – angezogen von Puma.
1924	hat es in Herzogenaurach schon 25 Schuh-Fabriken gegeben.
1936	ist das Fußball-Team aus Deutschland mit Adidas-Schuhen Weltmeister geworden.
1948	haben beide Firmen ihren sechzigsten Geburtstag gefeiert.
1954 und 1974	haben die Brüder Dassler die ersten Sportschuhe produziert.
2006	hat Rudolf Dassler seine eigene Firma gegründet.
2008 bzw. 2009	hat Jesse Owens in Dassler-Schuhen vier Goldmedaillen gewonnen.

3 Passt die Aussage zu Adi oder Rudolf Dassler oder zu beiden? Kreuzen Sie an.

	Adi	Rudolf	beide
a Sein Vater war Schuhmacher von Beruf.	☐	☐	☐
b Er war sportlich.	☐	☐	☐
c Seine Schuhe hat er selbst getestet.	☐	☐	☐
d Freunde haben ihn „Puma“ genannt.	☐	☐	☐
e Drei Buchstaben vom Vornamen, drei Buchstaben vom Familiennamen – so heißt die Firma auch heute noch.	☐	☐	☐
f Seine Firma arbeitet viel mit Fußball-Teams zusammen.	☐	☐	☐
g Er ist schon vor vielen Jahren gestorben.	☐	☐	☐

4 Beschreiben Sie eine Firma aus Ihrem Land. Die Redemittel helfen Ihnen dabei.

Die Firma heißt ... . Der Name bedeutet ... . / nichts.
Sie ist groß / klein und hat viele / wenige / ... Mitarbeiter.
Die Firmen-Zentrale ist in ... .
Diese Firma gibt es schon sehr lange / gibt es seit ... / ist noch sehr jung.
Sie stellt ... her / produziert ... .
Mit dem Produkt / den Produkten kann man ... .
Das Produkt / die Produkte braucht man zum ... .

Mehr Krippenplätze, mehr berufstätige Frauen?!

1 Lesen Sie die Überschriften und dann den Text. Ergänzen Sie zu jedem Textabschnitt die passende Überschrift.

Pläne für mehr Kinderbetreuung[1] • Die Gewinner: familienfreundliche[2] Firmen
Gute Ausbildung, einfache Teilzeit-Tätigkeiten • Kinder verändern die Karriere

Mehr Krippenplätze[3], mehr berufstätige Frauen?!

© Irisblende/Reinhard Berg

Noch nie waren Frauen so gut ausgebildet wie heute: Sechs von zehn Hochschulabsolventen sind Frauen. Erstaunlich ist aber, dass fast jede zweite Frau „nur" als Sekretärin oder Verkäuferin arbeitet – und das meistens auch nur in Teilzeit. In Deutschland sind 42 % der Frauen teilzeitbeschäftigt[4], aber nur 6 % der Männer. ______

Dabei haben Männer und Frauen heute die gleichen Chancen in Ausbildung und Beruf – bis sie etwa 30 Jahre alt sind. Doch wenn Frauen Kinder bekommen, ändert sich ihr beruflicher Weg[5]. Viele hören erst einmal mit dem Arbeiten auf, bleiben zu Hause und kümmern sich um ihren Nachwuchs[6]. Für die meisten Frauen ist das normal, denn es gibt hier zu wenig Angebote zur Kinderbetreuung: Es fehlen Krippenplätze für die kleinen und Ganztagsschulen für die größeren Kinder. ______

© Irisblende/Alexander Bernhard

© Irisblende/Reinhard Berg

Beruf und Familie miteinander vereinbaren[7] – das ist Deutschland also zurzeit noch sehr schwierig. Die Situation soll aber bald besser werden. In einigen Jahren soll es deshalb für jedes fünfte Kind einen Krippenplatz geben. Außerdem möchte man, dass auch Männer aktiv bei der Kindererziehung mitmachen. So gibt es das Elterngeld[8] nur dann für maximal 14 Monate, wenn die Väter zwei Monate zu Hause bei den Kindern bleiben. ______

Familienfreundlichkeit ist nicht nur für die Politik sehr wichtig, sondern auch für die Wirtschaft. Viele Mitarbeiterinnen kommen nach der Babypause[9] wieder gerne an den Arbeitsplatz zurück, wenn ihr Arbeitgeber familienfreundliche Angebote macht – also flexible Arbeitszeiten (wie zum Beispiel Teilzeit) und flexible Arbeitsformen (Heimarbeit[10]) anbietet oder bei der Suche von Kinderkrippenplätzen und Tagesmüttern hilft. Das schnelle Wiederkommen von Frauen ist gut für Firmen und Betriebe: Sie müssen so keine neuen Mitarbeiter suchen und einstellen und sparen damit viel Geld und Zeit. ______

1 Kinderbetreuung die: wenn sich eine Person / eine Institution professionell um ein Kind / Kinder kümmert
2 familienfreundlich: Familienfreundlich ist man, wenn man an die Situation von Familien denkt und diese verbessern möchte.
3 Krippenplatz der, ¨-e: Platz in einer Krippe. Die Krippe ist ein „Kindergarten" für Kinder unter 3 Jahren.
4 teilzeitbeschäftigt sein: in Teilzeit arbeiten
5 der berufliche Weg: die Karriere im Beruf
6 Nachwuchs der: das Kind, die Kinder
7 Beruf und Familie miteinander vereinbaren: arbeiten und eine Familie haben
8 Elterngeld das: nach der Geburt von einem Kind zahlt der Staat den Eltern Geld
9 Babypause die: Pause von der Berufstätigkeit nach der Geburt von einem Kind
10 Heimarbeit die: Man arbeitet für eine Firma / einen Betrieb, kann das aber von zu Hause aus machen.

Mehr Krippenplätze, mehr berufstätige Frauen?!

2 Lesen Sie den Text noch einmal. Was ist richtig? Kreuzen Sie an.

1 In Deutschland gibt es heute

a viele Frauen mit Universitätsabschluss. ☐
b viele Männer mit Teilzeitstellen. ☐
c sehr viele Hochschulstudentinnen ohne Abschluss. ☐

2 Frauen und Männer haben am Anfang die gleichen Chancen in Ausbildung und Beruf. Das ändert sich für die Frauen, wenn

a sie eine andere Stelle suchen. ☐
b sie 30 Jahre alt sind. ☐
c sie Kinder bekommen und bei ihnen bleiben. ☐

3 Frauen möchten Kinder haben und gleichzeitig weiter berufstätig sein. Das ist schwierig, denn

a dann haben sie keine Freizeit mehr. ☐
b in Deutschland gibt es nicht genug Kinderbetreuung. ☐
c viele haben keinen guten Beruf. ☐

4 Nach der Geburt von einem Kind gibt es Elterngeld. Eltern bekommen es für maximal 14 Monate, wenn

a beide Eltern die gleiche Zeit zu Hause bleiben. ☐
b der Vater das Kind zwei Monate betreut. ☐
c der Vater die ganze Zeit zu Hause bleibt. ☐

5 Auch für Firmen und Betriebe ist es wichtig, dass Mütter wieder an ihren Arbeitsplatz zurückkommen. Manche bieten flexible Arbeitsformen an, das heißt:

a Frauen können zu Hause arbeiten. ☐
b Frauen können in einem anderen Zimmer arbeiten. ☐
c Frauen können als Tagesmütter arbeiten. ☐

6 Wenn Mütter nach der Geburt eines Kindes bald wieder in die Arbeit kommen, ist das für eine Firma gut. Denn dann

a sind die Mitarbeiter besser qualifiziert. ☐
b geben die Mitarbeiter kein Geld aus. ☐
c wechseln die Mitarbeiter nicht so oft. ☐

Mehr Krippenplätze, mehr berufstätige Frauen?!

3 Diese Wörter und Ausdrücke finden Sie im Text. Wählen Sie einige davon aus und erzählen Sie über sich.

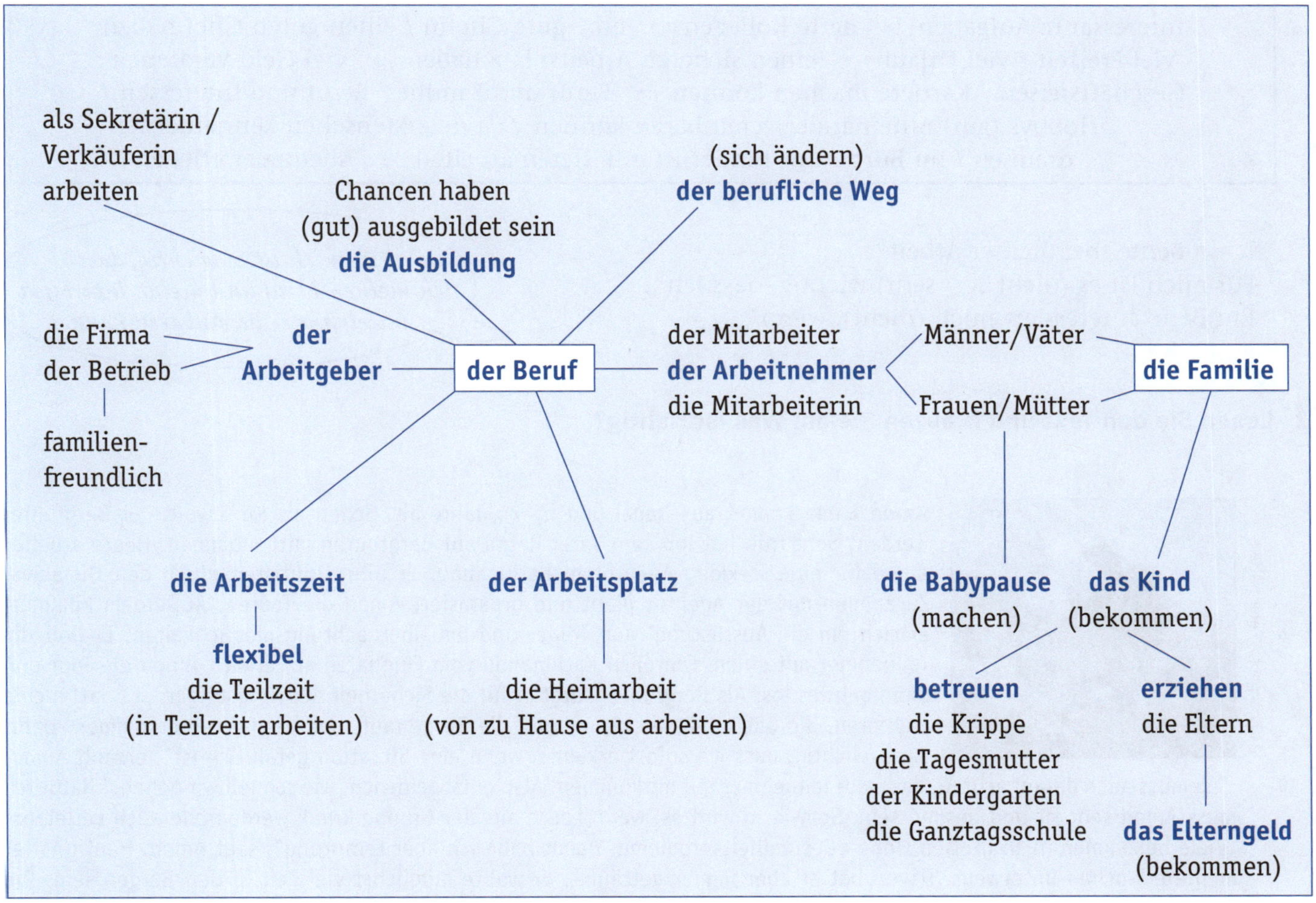

Meine Kinder gehen in die ... / in den ...

Meine Arbeitszeiten sind ...

Ich bin ... von Beruf / Ich arbeite als ...

Mein Arbeitgeber ist familienfreundlich, denn ...

Seit der Geburt von meinem ... / meiner ... arbeite ich ...

Drei junge Leute machen ihr Hobby zum Beruf

1 Was ist für Sie an einem Beruf wichtig? Sprechen Sie. Die Stichwörter und Redemittel helfen Ihnen dabei.

interessante Aufgaben • nette Kollegen • eine gute Chefin / einen guten Chef haben
viel Freizeit / viel Urlaub • einen sicheren Arbeitsplatz haben • viel Geld verdienen
Geschäftsreisen / Karriere machen können • Beruf und Familie / Beruf und Interessen / Hobbys (gut) miteinander vereinbaren können • viele Menschen kennenlernen
draußen / im Büro / mit Kindern / mit Tieren arbeiten • Abenteuer erleben

Ich möchte (bei meiner Arbeit) ... .
Für mich ist es (nicht so / sehr) wichtig, dass ich ... .
Ein Beruf interessiert mich (nicht), wenn ... .

Für mich ist es wichtig, dass ich meinen Beruf und meine Interessen miteinander vereinbaren kann.

2 Lesen Sie den Text und kreuzen Sie an: Was ist richtig?

© iStockphoto/Peter Hazlett

Amod Lama kommt aus Nepal und ist 26 Jahre alt. Schon als Kind wollte er Bergführer werden. Sehr früh hat ihn sein Vater Ratna auf Bergtouren mitgenommen. Heute arbeitet Amod für eine Trekking-Agentur in Kathmandu. Er führt Touristen durch den Himalaya. Zusammen mit der Agentur plant und organisiert Amod die Touren. Außerdem kümmert er sich um die Ausrüstung[1], um Träger und um Übernachtungsmöglichkeiten. Er holt die Teilnehmer mit einem Fahrer in Kathmandu vom Flughafen ab, erklärt ihnen die Tour und dann geht es los. Als Bergführer sorgt er für die Sicherheit der Bergsteiger: „Es darf nichts passieren, die Gäste müssen gesund auf die Berge rauf- und wieder runterkommen. Dafür ist es wichtig, dass ich sofort erkenne, wenn eine Situation gefährlich ist", erzählt Amod. „Ich muss auch darauf achten, dass alle Teilnehmer gut mitkommen. Also entscheide ich, wie schnell wir gehen." Natürlich muss Amod sehr fit und gesund sein. Schwierig wird es, wenn Leute aus der Gruppe krank werden oder sich verletzen. „Viele bekommen in so großen Höhen Gesundheitsprobleme. Damit habe ich aber Erfahrung", sagt Amod. Häufig ist er mehrere Wochen unterwegs. Davon hat er aber immer geträumt: Er wollte möglichst viel Zeit in den Bergen sein. Die Touristen sollen sich für sein Land und für die Natur interessieren: „Wenn ich ihnen tolle Erlebnisse in den Bergen von Nepal biete, erinnern sie sich vielleicht noch lange daran und achten auch in ihrem Land besser auf die Natur."

„Sport war schon immer sehr wichtig für mich und Luxus gefällt mir", sagt **Sara Schmid**. Ihr Arbeitsplatz ist der Wellness- und Fitnessbereich in einem 5-Sterne-Hotel in St. Moritz. Hier arbeitet die 28-Jährige seit drei Jahren als Fitness- oder als Personal-Trainerin. Vorher war sie Sportlehrerin an einer Schule in Zürich: „Das hat schon Spaß gemacht. Aber ich wollte noch etwas anderes erleben. Erst war es nur so eine Idee. Dann habe ich mich beworben und den Job bekommen." Sara erstellt für die Gäste Trainingspläne, begleitet sie beim Training an den Geräten, hält Yogakurse und erklärt, wie man sich richtig ernährt. „Das hilft den meisten Menschen: Bewegung, Entspannung und das richtige Essen!", davon ist Sara überzeugt. Sie spricht viel mit den Gästen. Alle sind anders, manche auch schwierig, aber das mag sie. Am Anfang war es für sie komisch, wenn sie den Leuten sagen musste, dass sie etwas falsch machen. „Da muss man vorsichtig sein. Wenn man zu viel sagt, verlieren manche die Freude am Sport", weiß sie. Als Fitnesstrainerin muss sie auch viel über Medizin wissen. Manche Gäste schickt sie zuerst zum Sportarzt im Hotel. Erst dann kann sie mit dem Training beginnen. „Ich liebe meine Arbeit und St. Moritz! Berge, Wasser, viel Sonne, interessante Menschen. Auch das Nachtleben bietet hier natürlich viel ..., wenn man Zeit dafür hat", erzählt Sara.

© iStockphoto/sjlocke

1 Ausrüstung die, -en: Das Material für eine Sportart, z. B. Jogginganzug und Joggingschuhe, wenn man läuft.

Drei junge Leute machen ihr Hobby zum Beruf

© iStockphoto/Daniel Bendjy

Urlaub, Sonne, Strand und Meer, daran denken viele, wenn sie den Namen „Maui" hören. Auf dieser Insel in Hawaii lebt und arbeitet **Ely Ferera**. Er ist 21 Jahre alt und seine Leidenschaft ist das Surfen. „Ich habe auch kaum etwas anderes gemacht", lacht Ely. „Na ja, wenn meine Noten gut waren, war es für meine Eltern in Ordnung. Mein Vater hatte nur ein Problem damit, dass ich Surflehrer werden wollte und mich nicht für seine Firma interessiert habe. Aber auf einen Job im Büro hatte ich keine Lust." Jetzt gibt Ely Surfkurse am Kanaha Beach. Zuerst brauchen die Schüler das richtige Surfboard. „Dabei muss ich darauf achten, wie groß, schwer und stark ein Schüler ist." Dann erklärt Ely Surftechniken und erzählt etwas über Wind, Wetter und das Material. „Die Teilnehmer sollen verstehen, dass Surfen gefährlich sein kann. Ich bin inzwischen ein richtiger Wetterexperte. Hier gibt es schon mal hohe Wellen. Wenn das Wetter nicht passt, verschiebe ich die Stunde." Im Wasser wird es schwierig, wenn das Können der Teilnehmer nicht zusammenpasst. „Manche sind sauer, weil sie mehr lernen wollen. Ich verstehe das, bin aber vor allem für die Anfänger da. Am Anfang halte ich ihr Board, später surfe ich neben ihnen. So fühlen sie sich sicher und ich kann immer etwas erklären." Wenn er gerade nicht unterrichtet, muss Ely die Ausrüstung pflegen und reparieren. Er hat keine regelmäßigen Arbeitszeiten und ist häufig auch am Wochenende da: „Ich arbeite gerne als Lehrer, weil ich gerne viel mit Menschen zusammen bin." Sein größter Wunsch? „Am liebsten möchte ich später einmal meine eigene Surfschule haben."

		richtig
a	Für ihre Berufe sollten Amod, Sara und Ely gut mit Menschen umgehen können.	☐
b	Die drei mögen ihre Berufe, weil sie viel verdienen.	☐
c	Amod, Sara und Ely sind zufrieden, weil sie regelmäßige Arbeitszeiten haben.	☐
d	Alle drei müssen sportlich, fit und gesund sein.	☐
e	Amod, Sara und Ely haben ihr Hobby zu ihrem Beruf gemacht.	☐

3 Ordnen Sie zu: Was passt?

a	Amod muss vor allem dafür sorgen,	1	dass die Ausrüstung zu Größe und Kraft der Schüler passt.
b	Amod wünscht sich,	2	um die Anfänger.
c	Sara ist davon überzeugt,	3	dass die Menschen mehr auf die Natur achten.
d	Sara passt auf,	4	dass den Bergsteigern nichts passiert.
e	Ely muss darauf achten,	5	dass vielen Menschen Sport und gesundes Essen gut tun.
f	Ely kümmert sich vor allem	6	dass die Gäste beim Training an den Geräten keine Fehler machen.

Drei junge Leute machen ihr Hobby zum Beruf

4 Wie gehen die Sätze weiter? Ergänzen Sie.

a Amod hat die Berge schon früh kennengelernt, weil sein Vater ______________________________
______________________________.

b Wenn die Touristen in Kathmandu ankommen, ______________________________
______________________________.

c Sara hat sich als Fitnesstrainerin in St. Moritz beworben, denn ______________________________
______________________________.

d St. Moritz gefällt Sara gut, weil ______________________________
______________________________.

e Der Vater von Ely wollte, dass sein Sohn ______________________________
______________________________.

f Ely muss den Surfunterricht verschieben, wenn ______________________________
______________________________.

Schnitzel aus dem Toaster: Wie Essgewohnheiten sich ändern

1 Machen Sie eine Umfrage in Ihrer Kleingruppe. Ergänzen Sie die Tabellen und erzählen Sie.

Wie viel Zeit brauchen Sie täglich zum Kochen und Essen?

Zeit	20-30 Minuten	bis 45 Minuten	eine Stunde	mehr als 1 Stunde
Teilnehmer				

Wo essen Sie?

Ort	zwischendurch bei der Arbeit	unterwegs	in der Kantine mit Kollegen	zu Hause mit der Familie
Teilnehmer				

Was kochen Sie, wenn es schnell gehen soll?

2 Lesen Sie den Text und beantworten Sie die Fragen.

a Wer kocht? Wer kocht nicht?
b Wie soll Essen heute sein? Warum?
c Was bieten Lebensmittel-Hersteller an? Wo kann man diese Angebote kennenlernen?
d Warum sind Fertiggerichte so beliebt?

Schnitzel aus dem Toaster[1]: Wie Essgewohnheiten sich ändern

Kochen und Essen sind hierzulande ein wichtiges Thema geworden. Besonders gut sieht man das, wenn man den Fernseher anmacht: Beinahe täglich kann man Meister- und Hobbyköchen beim Kochen zusehen. Und nicht nur im Fernsehen, auch in Zeitungsmagazinen[2] hat das Thema *Essen* seinen festen Platz: Dort gibt es jede Woche neue Kochrezepte und Informationen darüber, welche Regierungschefs wann was zusammen gegessen haben.

© Koelnmesse

Bedeutet das also, dass die Deutschen wieder länger am Herd stehen und kochen? Eigentlich nicht: Denn *viel fernsehen* ist nicht *selbst kochen*. Und eine der Magazin-Seiten mit Kochrezepten heißt „Nimm drei“ und das bedeutet: Die Rezepte dürfen nur drei Zutaten[3] haben, man muss sie also einfach und schnell kochen können.

1 Toaster der, -: Küchengerät. Auf dem Bild neben dem Text sehen Sie einen Toaster.
2 (Zeitungs-)Magazin das, -e: Ein Magazin ist eine Zeitschrift oder ein Extra-Heft zu einer Zeitung. Magazine gibt es meistens einmal pro Woche.
3 Zutat die, -en: was man zum Kochen braucht, z.B. Butter, Mehl, Kartoffeln

Schnitzel aus dem Toaster: Wie Essgewohnheiten sich ändern

Auch Umfragen zeigen: Gut und gesund, aber vor allem einfach und schnell - so soll das Essen von heute sein. Weil es immer mehr Single-Haushalte und berufstätige Frauen gibt, darf das Kochen nicht mehr viel Zeit kosten. Denn gerade die fehlt den meisten Menschen hier oft: die Zeit zum Planen, Einkaufen, Vorbereiten, Kochen und auch zum gemeinsamen Essen.

Besonders im Alltag möchten die Deutschen also schnell und bequem satt werden. Und das geht am besten mit Fertiggerichten[4]. 85 Prozent der Leute öffnen Dosen, Tüten[5] und andere Verpackungen - die Töpfe aber bleiben im Schrank. Die Lebensmittelbranche nennt das den „Fix-und-fertig-Trend": Sie erwartet große Gewinne und bringt so immer wieder neue Fertigprodukte auf den Markt.

© Koelnmesse

Diese neuen Produkte präsentieren Lebensmittel-Hersteller jedes Jahr auf der ANUGA in Köln: Auf der weltweit größten Lebensmittel-Messe[6] kann man so zum Beispiel Bratkartoffeln aus der Packung oder Pizza als eine Art „Eis in der Tüte" kennenlernen - und probieren. Besonders kurios in diesem Jahr aber war das Schnitzel aus dem Toaster: Packung auf, Schnitzel in den Toaster, Taste drücken - fertig. Na dann: guten Appetit!

(Quelle: Süddeutsche Zeitung vom 16.10.07)

4 Fertiggericht das, -e: Das Gericht ist schon fertig gekocht. Man muss es nur warm machen.
5 Tüte die, -n : eine Einkaufstasche aus Papier oder Plastik
6 Messe die, -n: Firmen zeigen ihre neuen Produkte auf der Messe.

3 Suchen Sie die Sätze a-d im Text. Was bedeuten sie? Sprechen Sie.

a Das Thema Essen hat auch in Magazinen seinen festen Platz. (Zeile 4)
b Es gibt immer mehr Single-Haushalte. (Zeile 14)
c Die Töpfe aber bleiben im Schrank. (Zeile 19/20)
d Besonders kurios aber war das Schnitzel aus dem Toaster. (Zeile 26)

Warum Großraumbüros und Kaffeeküchen für die Arbeit wichtig sind

1 Sehen Sie das Bild an. Woran denken Sie?

offen • den Raum gut nutzen • Konzentrationsprobleme haben • modern • laut • interessant • viel Kontakt zu Kollegen haben • kreativ • stressig • mit anderen zusammenarbeiten • viel erfahren • unpersönlich

Ich denke, dass das Büro nicht modern aussieht. Und arbeiten möchte ich dort nicht, weil es bestimmt sehr laut ist.

2 Was bedeuten die Wörter und Wendungen? Ordnen Sie zu.

a flexibel (sein)	in einer Gruppe arbeiten
b kommunikativ (sein)	so arbeiten, dass das Ergebnis gut ist und nicht so viel Geld gekostet hat; wirtschaftlich arbeiten
c effizient (sein)	wichtig sein
d in einem Team arbeiten	einen Arbeitsplatz für eine bestimmte Zeit reservieren oder mieten
e an einem Projekt arbeiten	offen sein, gerne mit anderen sprechen, andere gerne und genug informieren
f einen Schreibtisch buchen	zwei Leute unterhalten sich und kein anderer hört zu
g ein Gespräch unter vier Augen führen	sich für eine bestimmte Zeit mit einer Aufgabe beschäftigen
h eine wichtige Rolle spielen	sich und sein Verhalten leicht verändern können, wenn es nötig ist; mobil sein

3 Lesen Sie und kreuzen Sie an: Was steht im Text? (Zwei Antworten sind richtig.)

Im Text steht, dass

a ☐ viele Leute eigentlich nur einen Schreibtisch, aber kein eigenes Büro mehr brauchen.
b ☐ die Arbeit im Büro interessant ist, weil man sich oft einen neuen Arbeitsplatz suchen darf.
c ☐ verschiedene Räume für verschiedene Aufgaben und Tätigkeiten gut sind.
d ☐ regelmäßige Kaffeepausen im Büro gesund sind.

Warum Großraumbüros und Kaffeeküchen für die Arbeit wichtig sind

Warum Großraumbüros und Kaffeeküchen für die Arbeit wichtig sind

Unsere Arbeitswelt hat sich sehr geändert: Natürlich gibt es noch Bauern mit Hof und Tieren, Handwerker mit eigener Werkstatt und Arbeiter in Fabriken. Aber fast die Hälfte aller Berufstätigen sitzt hierzulande am Schreibtisch. Ihr Arbeitsplatz ist das Büro.

Wie aber sollen Büros aussehen, damit[1] die Angestellten dort möglichst effizient und gut arbeiten können? Diese Frage beschäftigt eine Forscher[2]-Gruppe vom Fraunhofer-Institut für Arbeitsforschung und Organisation (IAO) seit vielen Jahren. Das Ergebnis fassen die IAO-Leute so zusammen: Moderne Büros sollen vor allem offen, flexibel und kommunikativ sein.

Das heißt, dass Büros eigentlich wie die Angestellten sein sollten. Denn für viele Menschen sieht der Alltag im Büro so aus: Man arbeitet an einem Projekt und ist Teil von einem Team. Wenn das Projekt zu Ende ist, bekommt man eine neue Aufgabe und wechselt in ein anderes Team. Die Arbeit im Team und an Projekten aber bedeutet, dass man kommunikativ und flexibel sein und seinen Arbeitsplatz oft wechseln muss. Also glauben die Arbeitsplatz-Forscher, dass viele Menschen kein eigenes Büro mehr brauchen. Viel besser ist es, wenn ein Team in einem Großraumbüro ein paar Schreibtische bucht und diese Tische dann wieder frei macht, wenn das Projekt abgeschlossen ist und sich die Gruppe wieder trennt.

Großraumbüros sind bei vielen Angestellten allerdings nicht sehr beliebt. Denn wohin geht man, wenn man einmal in Ruhe nachdenken und sich konzentrieren will? Oder ein Gespräch unter vier Augen führen und telefonieren muss? Für diese Fälle empfiehlt das IAO „Denkerzellen“ oder „Silence-Boxen“: Das sind stille Räume, wo man allein sein kann und niemand stört und dazwischenredet.

Und noch ein anderer Raum spielt für die Arbeitsplatz-Forscher eine wichtige Rolle: die Kaffeeküche. Denn dort können sich Angestellte aus verschiedenen Teams treffen, diskutieren und so Meinungen und Informationen über ihre Arbeit austauschen. Die Kaffeeküche, so denken sie, ist ein kommunikativer Ort. Und dort können sich leicht neue Ideen und Lösungen entwickeln. „Intelligente“ Büroräume entscheiden also über den Erfolg von einer Firma mit – das glauben zumindest die IAO-Forscher.

© Pavel Mirmanov/istockphoto.com

(Nach Süddeutsche Zeitung vom 16.1.2008, www.iao.de)

1 damit: Konjunktion. Ich lerne Deutsch, damit ich eine Arbeit finde / weil ich eine Arbeit finden will.
2 Forscher der, -: Wenn eine Person etwas wissenschaftlich untersucht, ist sie ein Forscher.

4 Lesen Sie den Text noch einmal. Was passt? Ordnen Sie zu.

a Wenn man sich mit Kollegen unterhalten möchte, geht man am besten → in die Kaffeeküche.
b Lange Telefongespräche macht man
c Oft bekommt man neue Ideen in Gesprächen
d Alltägliche Aufgaben erledigt man
e Wenn man nachdenken muss und keine anderen Gespräche hören will, geht man
f Wenn ein Projekt zu Ende ist, dann kommt ein anderer Mitarbeiter

an den Schreibtisch im Großraumbüro.
am Schreibtisch im Großraumbüro.
in der „Denkerzelle“.
in die „Denkerzelle“.
in der Kaffeeküche.
in die Kaffeeküche.

5 Welche Räume gibt es in Ihrer Firma / Ihrem Betrieb? Was macht man dort? Sprechen Sie.

Klimawandel – Autowandel?

1 Sehen Sie die Fotos an. Ergänzen Sie dann die Wörter.

Atmosphäre • Ausstoß • Benzin • Klima • Kohlendioxid
Naturkatastrophen • umweltfreundlicher

Das Auto fährt.
Es verbraucht
_______________.

Benzin verbrennt.
Es entsteht __________
____________ (CO_2).

Das Auto stößt CO_2 aus.
Der durchschnittliche
CO_2- _____________ ist in
Deutschland 160 Gramm
pro Kilometer.

CO_2 macht die _______________________
kaputt. Auf der Erde wird es wärmer.

Weil sich das ____________ ändert,
gibt es _______________________.

Autos müssen

____

werden!

Klimawandel – Autowandel?

2 Lesen Sie den Text. Zu welchen Abschnitten passen die Sätze? Ergänzen Sie.

Klimawandel[1] – Autowandel?

1 Größer, stärker, schneller – nach diesem Motto hat die deutsche Autoindustrie bisher ihre neuen Modelle entwickelt und verkauft. Und sie hatte Erfolg damit. Automarken wie Mercedes, BMW, VW, Audi und Porsche sind überall auf der Welt sehr beliebt. Sie werden oft gekauft und gerne gefahren.

2 Wie alle EU-Länder will jetzt auch Deutschland, dass deutsche Autos nicht mehr als 120 Gramm Kohlendioxid (CO_2) pro Kilometer ausstoßen, also etwa 5 Liter Benzin auf hundert Kilometern verbrauchen. Der Grund: der Klimawandel und seine schlimmen Folgen für die Natur und den Menschen. Spätestens nach dem letzten Welt-Klima-Bericht haben auch hier die Politiker verstanden: Wenn wir in Zukunft gut leben möchten, müssen wir uns um die Umwelt[2] kümmern. Das aber heißt vor allem: Schadstoffe (wie zum Beispiel das CO_2) reduzieren[3] und umweltfreundliche Autos bauen (lassen). Gute Ökoideen[4], so der Verkehrsminister, gibt es bei den Autoherstellern schon: Mit dem Einbau von einer Verbrauchsanzeige auch in kleinere Fahrzeuge kann man zum Beispiel den Benzinverbrauch deutlich senken[5].

3 Die Autobranche soll also etwas für den Klimaschutz tun – so will es die deutsche Politik. Sie unterstützt deshalb auch die Entwicklung von neuen Kraftstoffen[6] und innovativen Motoren. Die Hybrid-Technik kommt so zum Beispiel eigentlich aus Deutschland. Trotzdem aber hat der japanische Autohersteller Toyota zurzeit die meisten Hybrid-Modelle im Angebot. Die deutschen Autobauer müssen jetzt schnell etwas tun, denn die Nachfrage ist offensichtlich da: Eine Studie zeigt, dass jeder vierte Kunde ein Hybrid-Fahrzeug kaufen und dafür bis zu 3000 Euro mehr ausgeben würde.

4 Natürlich denken nicht alle Deutschen beim Autokauf an den Klimaschutz. Viele möchten mit ihrem neuen Auto vor allem schnell fahren, denn auf deutschen Autobahnen gibt es kein Tempolimit[7].
Sie kaufen deshalb einen Sport- oder Luxuswagen – mit hohem Benzinverbrauch und CO_2-Ausstoß. Für diese Klientel[8] ist das Autofahren teurer: Wenn ein Auto sehr viel Kohlendioxid ausstößt, ist nämlich auch die Kfz-Steuer höher.

5 In den Autohäusern können Kunden heute erfahren, wie viel Kraftstoff „ihr" Auto verbraucht und wie viel CO_2 es ausstößt. Wenn man eine konkrete und unabhängige Auskunft bekommen möchte, ob ein Auto gut oder schlecht für die Umwelt ist, kann man sich aber auch an den VCD (Verkehrsclub Deutschland) wenden. Dort kann man eine Auto-Umwelt-Liste bestellen und sich über den CO_2-Ausstoß von seinem Wunschmodell informieren. Den Umweltschützern ist das allerdings nicht genug: Sie wollen, dass hier in Deutschland noch viel mehr für den Klimaschutz getan wird.

1 Klimawandel der: Wenn sich das Klima ändert, spricht man von ‚Klimawandel'.
2 Umwelt die: Flüsse, Seen, Meere, Pflanzen, Tiere, Menschen etc.
3 reduzieren: etwas soll weniger werden
4 Öko-: kurz für ökologisch. Das bedeutet, dass bestimmte Produkte oder Ideen gut für die Umwelt sind.
5 senken: reduzieren
6 Kraftstoff der, -e: Benzin ist zum Beispiel ein Kraftstoff.
7 Tempolimit das, -s: Wenn es kein Tempolimit gibt, darf man so schnell fahren, wie man möchte.
8 Klientel die: hier: die Kunden
9 Umweltschützer der, -: Umweltschützer wollen zum Beispiel, dass Flüsse und Seen sauber bleiben und Wälder nicht kaputt gemacht werden.

Klimawandel – Autowandel?

- ☐ Mit der Auto-Umwelt-Liste kann man sich über den CO_2-Ausstoß informieren.
- [1] Das Erfolgsrezept der Autohersteller war bisher „größer, stärker, schneller".
- ☐ Für manche Leute ist der Klimaschutz nicht das Wichtigste beim Autokauf.
- ☐ In Zukunft dürfen die Autos nicht mehr so viel Kohlendioxid ausstoßen.
- ☐ Deutsche Automarken sind auf der ganzen Welt sehr beliebt.
- ☐ Für das Hobby „schnell fahren" müssen Autofahrer mehr bezahlen.
- ☐ Die deutsche Autoindustrie muss neue Technologien entwickeln.
- ☐ Viele Umweltschützer möchten, dass die Politik noch mehr für den Klimaschutz macht.
- ☐ Hybridautos sind teurer. Trotzdem interessieren sich viele Kunden dafür.
- ☐ Autos müssen umweltfreundlicher werden.
- ☐ Der Autoproduzent Toyota ist mit seinen Hybridmotoren zurzeit die Nummer 1.

3 Suchen Sie im Text Komposita. Welche Wörter haben dieselbe Bedeutung?

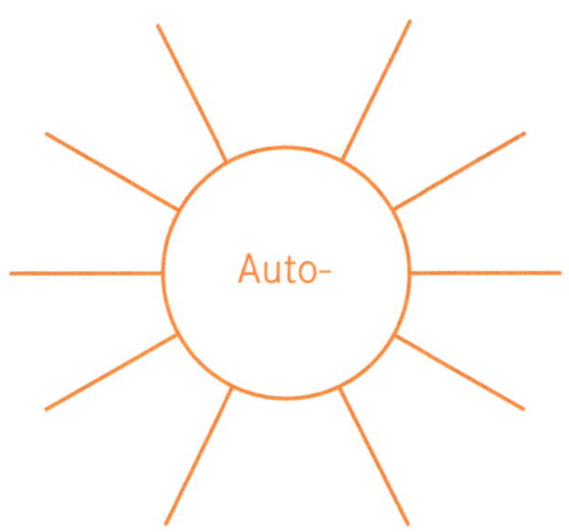

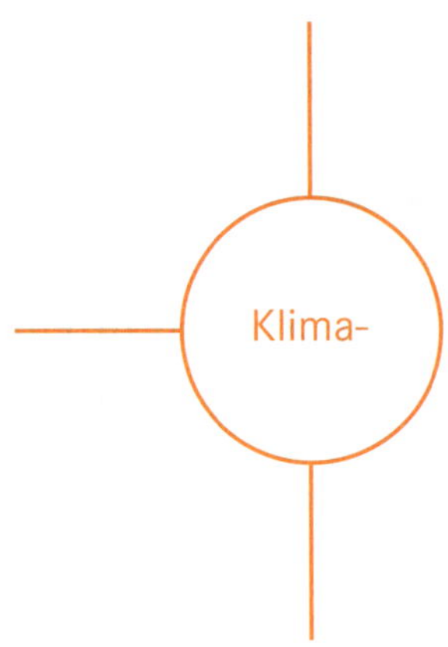

Die Zukunft liegt bei 50 plus

1 Welche Bezeichnung (= welches Wort) passt zu welchem Alter? Ordnen Sie zu.

Kinder • Jugendliche • junge Erwachsene • Erwachsene • Menschen in mittleren Jahren
ältere Menschen • Senioren • alte Menschen

0 .... 10 .... 20 .... 30 .... 40 .... 50 .... 60 .... 70 .... 80 .... 90 .... 100 .... Jahre

a Sehen Sie die Grafik an. Welche Altersgruppe ist in Zukunft am stärksten?

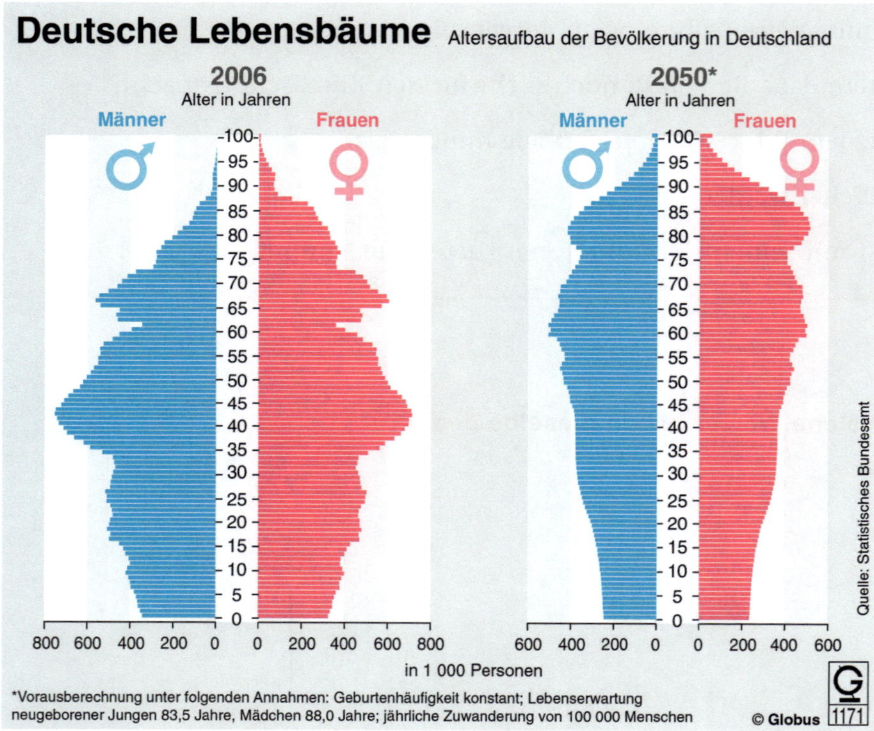

© Globus Infografik

b Welche Altersgruppe ist in Ihrem Land am stärksten?

2 Lesen Sie den Text. Ergänzen Sie: Welche Überschrift passt?

- Die Generation 50 plus ☐
- Was macht die Wirtschaft, wenn die Menschen älter werden? ☐
- Technische Verbesserungen von Produkten haben Erfolg ☐
- Erfolgreiche Angebote für die Generation 50 plus ☐

Die Zukunft liegt bei 50 plus

Die Zukunft liegt bei 50 plus

Immer mehr Alte, immer weniger Junge – so kann man die Bevölkerungsentwicklung in den deutschsprachigen Ländern kurz beschreiben. Was bedeutet das für die Wirtschaft, wenn das Durchschnittsalter bei über 50 Jahren liegt? Stellen sich die Firmen auf die älteren Menschen ein[1] und ändern ihr Warenangebot?

Viele Firmen kennen diesen „Zukunftsmarkt" noch nicht richtig. Es fehlen genauere Informationen darüber, was die Generation 50 plus gerne macht und wofür sie Geld ausgeben würde. So viel weiß man allerdings: Die Generation 50 plus ist vital, aktiv, selbstbewusst und lebensfroh. Sie ist außerdem sehr kritisch und gut informiert. Schon heute surfen mehr „Silver Surfer" im Internet als 14- bis 19-Jährige. Zu den beliebtesten Webseiten gehören Seiten mit Nachrichten und Urlaubsangeboten. Besonders Urlaube in „Wellness-Hotels" sind gefragt: Dort kann man sich entspannen, den Körper pflegen und Schönheitskuren machen. Vielen über 50-Jährigen gefällt das: Denn sie möchten etwas für ihre Gesundheit tun, jung bleiben und jung aussehen.

Wenn Firmen die Generation 50 plus wie normale Kunden und nicht wie ältere Menschen behandeln, haben sie oft Erfolg. So gibt es zum Beispiel ein sehr erfolgreiches Kosmetikprogramm für die reife, also die ältere Haut. Für die Marke wirbt eine sportlich-elegante Frau mit grauen Haaren und einem alterslosen Gesicht. Sie zeigt einen modernen Lebensstil und das Motto: „50 ist klasse." Ein anderes Produkt für die Generation 50 plus bietet ein bekannter Sportartikel-Hersteller an: Weil Nordic-Walking bei dieser Altersgruppe eine beliebte Sportart ist, hat die Firma einen speziellen „Walking-Schuh" entwickelt.[2]

Die über 50-Jährigen wissen oft genau, welche technischen Neuheiten sie brauchen und welche sie nicht brauchen. Deshalb kaufen sie auch gerne Autos mit niedrigen Ladekanten[3], erhöhten Sitzen und Einparkhilfen. Manche Produkte mit technischen Verbesserungen haben auch bei jungen Leuten Erfolg. So wie zum Beispiel der Koffer auf Rollen: Eigentlich hat man ihn für ältere Menschen entwickelt, heute aber rollen auch junge Leute ihre Gepäckstücke hinter sich her.

1 sich auf etwas einstellen, hat sich eingestellt: richtig vorbereitet sein
2 entwickeln, hat entwickelt: hier: produzieren, herstellen
3 Ladekante die, -n: Rand am Kofferraum von einem Auto

3 Was erfahren Sie über die Generation 50 plus?
Suchen Sie die Informationen aus dem Text und ergänzen Sie die Tabelle.

Wie wird die Generation 50 plus beschrieben?	Was möchte sie?	Was bietet die Wirtschaft für sie an?

4 Was für Produkte könnte man der Generation 50 plus noch anbieten? Sammeln Sie in der Gruppe. Stellen Sie Ihre Ideen im Plenum vor.

Auf leisen Rädern in die weite Welt

1 Lesen Sie den Text bis Zeile 5. Welches Produkt wird hier beschrieben? Sprechen Sie im Kurs darüber. Die Redemittel helfen Ihnen dabei.

Auf leisen Rädern in die weite Welt
Dieses Produkt muss vieles sein und noch mehr können: Leise soll es sein, stabil[1] und sicher natürlich auch. Außerdem sollte man es problemlos parken, abschließen und auch lenken können: Denn da, wo man dieses Produkt benutzt, gibt es keine richtigen Parkplätze und zum Wenden ist es meistens sehr eng.

Also, ich denke, im Text geht es um ... .
Ich vermute, der Text handelt von ... .
Ich bin mir nicht sicher, aber ich glaube, hier wird ... beschrieben.

a Lesen Sie den Text dann bis Zeile 11. Um welches Produkt geht es im Text?

Das Produkt muss außerdem geräumig sein, also möglichst viel Platz bieten: für ein kleines Kind, schwere Getränkekästen, große Einkaufstaschen oder einfach nur für Blumen. Und manchmal sollte man mit diesem Produkt auch Kleidung transportieren können. Am besten an einer Kleiderstange[2], weil dann nichts zerknittert[3]. Der 150-Liter-Wagen kann das alles, der 210-Liter-Wagen – er kommt gerade in Mode – natürlich auch. Ein Auto? Nein, ein Auto ist unser Produkt natürlich nicht. Aber was ist es dann?

b Lesen Sie den Text zu Ende und beantworten Sie die Fragen.

Unser leises, stabiles, sicheres, leicht lenk- und fahrbares, geräumiges Produkt ist angeblich eine Erfindung aus Amerika. Sylvan N. Goldman, Besitzer von mehreren Supermärkten in Oklahoma, montierte 1937 unter seine Gartenstühle Rollen. Dann ließ er diese „mobilen Stühle" von seinen Kunden durch seine Geschäfte fahren. Eine Idee war geboren und damit auch ein neues Produkt: der Einkaufswagen.

In den deutschen Sprachraum kam der Einkaufswagen erst in den 1950er Jahren. Die Firma Wanzl aus dem bayrischen Leipheim hatte zuvor bereits stapelbare Einkaufskörbe aus Metall hergestellt. Wenige Zeit später produzierte sie dann den Einkaufswagen mit festem Korb. Heute ist Wanzl der weltweit größte Hersteller von Einkaufswagen: Mehr als zwei Millionen Einkaufswagen werden im Jahr von Leipheim aus in die ganze Welt geliefert. Die Firma beschäftigt momentan über 3000 Angestellte und wächst: Denn wenn in Europa, Asien oder anderswo ein neues Geschäft eröffnet wird, gibt es dort meistens auch Wanzl-Wagen: angeblich sind das die besten. Probieren Sie es selbst aus – im Supermarkt in Ihrer Nähe!

(Nach: Süddeutsche Zeitung vom 12.3.2008 von Mike Szymanski, www.wanzl.com)

1 stabil: Wenn ein Gegenstand stabil ist, geht er nicht leicht kaputt.
2 Kleiderstange die, -n: An einer Kleiderstange im Schrank hängen meistens Blusen oder Hemden.
3 zerknittern, zerknitterte, ist zerknittert: Wenn ein Kleidungsstück zerknittert ist, muss man es bügeln.

Auf leisen Rädern in die weite Welt

a Wo und von wem wurde das Produkt erfunden?

b Warum muss man das Produkt problemlos parken und lenken können?

c Seit wann gibt es das Produkt im deutschen Sprachraum?

d Was kann man in dem Produkt alles unterbringen?

2 Wie heißen die Wörter? Schreiben Sie. Ein guter Einkaufswagen ist … .

ge | prakt | se | gut lenk | bil | räum | cher | lei | si | sta | bar | ig | isch

3 Sehen Sie das Bild an und ergänzen Sie, wenn nötig, die Endungen.

© Wanzl Metallwarenfabrik GmbH

4 Wählen Sie ein Produkt aus Ihrem Heimatland. Beschreiben Sie das Produkt. Die anderen Kursteilnehmer/-innen raten, welches Produkt Sie beschrieben haben.

Mal schnell kurz weg – Städtereisen beliebt wie noch nie

1 Was können Besucher in Ihrer Stadt machen? Sammeln Sie in Kleingruppen möglichst viele Angebote für die Bereiche Kultur, Unterhaltung, Freizeit und Wirtschaft. Erzählen Sie.

Kultur	Unterhaltung	Freizeit	Wirtschaft

2 Lesen Sie den Text. Zu welchem Textabschnitt passt das? Ergänzen Sie.

- ☐ Beliebte Reiseziele
- ☐ Warum Leute gerne in Städte reisen
- ☐ Wie manche Städte noch mehr Touristen gewinnen wollen
- ☐ Immer mehr Städtereisen im Angebot

Mal schnell kurz weg – Städtereisen beliebt wie noch nie

© Sebastian Seifert / fotolia.com

A „Wohin geht die Reise – in die Berge oder ans Meer?" Immer häufiger heißt die Antwort: „In die Stadt!" Das zeigt auch ein Blick in die Reisekataloge: Dort konnte man früher nur Reisen in 14 Städte finden, heute sind es Reisen in 177 Städte. Städtereisen sind also beliebt wie nie zuvor. Warum eigentlich?

B Viele Leute verreisen heute lieber kürzer, dafür aber öfter. Vor allem Berufstätige wollen den Alltag und den Stress im Beruf vergessen, eine kleine Pause machen und in wenigen Tagen viel erleben. Aber auch Leute mit wenig Geld wie zum Beispiel Studenten und Auszubildende buchen gerne einen Kurzurlaub in einer Stadt. Besonders dann, wenn sie dort etwas Interessantes sehen und unternehmen können.

C Ein gutes Angebot an kulturellen Veranstaltungen und Unterhaltung, an Freizeit- und Einkaufsmöglichkeiten ist also wichtig für den Städte-Tourismus. Die beliebtesten Reiseziele sind deshalb große Städte wie Wien, Berlin, München oder Zürich, denn dort gibt es viele Sehenswürdigkeiten, Theater, Museen, Messen[1], Geschäfte und Restaurants. Aber auch kleinere Städte können „Besucher-Magnete"[2] werden, wie zum Beispiel das bayrische Regensburg: Seit die Stadt mit dem mittelalterlichen Stadtbild zum Weltkulturerbe[3] der UNESCO gehört, steigen die Besucherzahlen. So werden in diesem Jahr etwa zwei Millionen Tagesgäste und 750.000 Übernachtungen erwartet. Für eine Stadt mit „nur" gut 145.000 Einwohnern ist das sehr viel. Zu viel?

© Hamburg Tourismus GmbH

D Weil sich mit dem Tourismus viel Geld verdienen lässt, verbessern viele Städte das Freizeitangebot für ihre Gäste. Die kleine Stadt Travemünde an der Ostsee hat zum Beispiel das Sandfigurenfestival „Sandworld" ins Leben gerufen[4]. Und auch Hamburg will noch mehr Leute anlocken: Die Stadt baut gerade ihr viertes Musical-Theater, denn 40 % aller Gäste kommen dorthin, weil sie ein Musical sehen möchten. Dass ein Theater dabei direkt am Wasser liegt, ist sicher kein Zufall: Denn so können die Musical-Besucher gleich noch eine andere große Attraktion[5] der Stadt kennenlernen: den Hafen mit den vielen großen (Kreuzfahrt-)Schiffen.

(Quelle: www.dehoga.de)

1 Messe die, -n: Dort stellen Firmen ihre neuen Produkte vor.
2 Magnet der, -e: Die Stadt ist ein Besucher-Magnet. Das bedeutet: Viele Leute besuchen die Stadt bzw. die Stadt zieht viele Besucher an.
3 Weltkulturerbe das: Alte Städte, aber auch besonders schöne Sehenswürdigkeiten und Landschaften werden von der UNESCO zum „Weltkulturerbe" (= kulturell besonders wichtige Bauwerke bzw. Landschaften) erklärt und dadurch geschützt.
4 etwas ins Leben rufen: etwas beginnen
5 Attraktion die, -en: die Sehenswürdigkeit

Mal schnell kurz weg – Städtereisen beliebt wie noch nie

3 Was ist richtig? Kreuzen Sie an.

		richtig	falsch
a	Immer mehr Leute fahren in die Berge.	☐	☐
b	Wenn man nicht viel Zeit hat, fährt man in eine Stadt.	☐	☐
c	Besucher kommen dann, wenn es etwas Besonderes zu sehen gibt.	☐	☐
d	Viele Menschen finden Großstädte attraktiv.	☐	☐
e	Regensburg ist eine moderne Stadt.	☐	☐
f	Nach Hamburg fährt man nur, weil es dort Musicals gibt.	☐	☐

4 Was steht im Text? Ergänzen Sie die Sätze mit eigenen Worten.

a Viele Berufstätige fahren gerne für ein paar Tage in eine andere Stadt, denn ____________________

____.

b Große Städte sind für viele Menschen interessant, weil ____________________

____.

c Regensburg ist keine große Stadt. Trotzdem ____________________

____.

d Für die Städte ist es wichtig, dass viele Touristen kommen. Deshalb ____________________

____.

e Hamburg baut ein neues Musical-Theater. Denn man weiß, dass ____________________

____.

Eine Stelle finden, aber wie?

1 Welche Möglichkeiten gibt es, eine Stelle zu finden? Sammeln Sie Ideen.

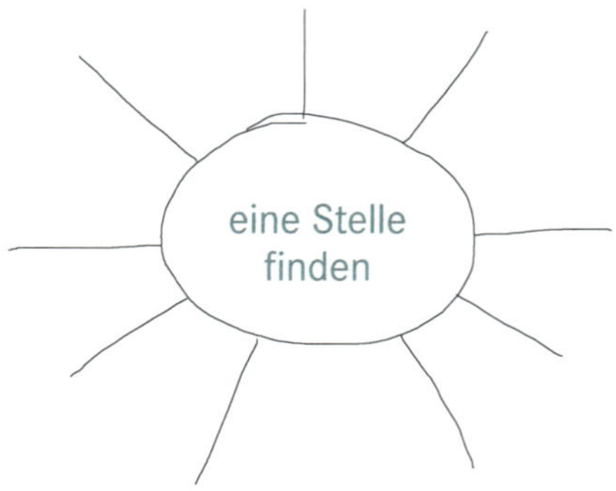

2 Lesen Sie den Text. Was machen die drei Leute, um eine Stelle zu finden? Warum machen sie das? Markieren Sie die Antworten auf diese Fragen im Text.

Eine Stelle finden, aber wie?

„Such dir doch eine Arbeit!“ Dieser Satz ist oft leichter gesagt als getan. Sogar dann, wenn man weiß, was man beruflich machen möchte. Denn man muss zunächst einmal herausfinden, wo man überhaupt suchen soll. Soll man die Stellenanzeigen in der Zeitung „studieren“? Oder geht man besser zu den staatlichen Arbeitsagenturen? Sind die zahlreichen Jobbörsen im Internet vielleicht aktueller und sinnvoller? Wie findet man am besten eine Stelle?

© Irisblende

Für Arbeitssuchende sieht der Stellenmarkt oft unübersichtlich und verwirrend[1] aus. Und besonders schwierig ist es, wenn man im ganzen Bundesgebiet nach einer Stelle sucht wie zum Beispiel Hanna Meier. Als Single ist sie nicht an einen Wohnort gebunden[2], sie kann also überall arbeiten. Doch wie soll die Kölnerin wissen, was für Stellen in Dresden oder in anderen Städten angeboten werden? Hilfe bekommt Hanna vom „Wissenschaftsladen Bonn“ und dessen Informationsdienst: Arbeitsmarktexperten werten dort jede Woche bundesweit Stellenanzeigen zu bestimmten Arbeitsbereichen aus, kommentieren und sortieren sie. Diesen Informationsdienst hat Hanna abonniert und erfährt so von ungefähr 300 qualifizierten Arbeitsangeboten pro Woche.

Auch Katharina Heider wollte sich nicht allein auf die mühselige[3] Suche durch den Anzeigen-Dschungel machen. Sie hat allen Leuten, die sie kennt, von ihrer Stellensuche erzählt. Denn sie dachte: Wenn viele Leute wissen, was ich suche, landet die Information irgendwann bei dem, der mir helfen kann. Und so war es dann auch. Ein Kollege ihres Vaters hörte von ihren Berufswünschen und fragte einen Freund, der Personalchef einer Firma ist. Sie kam zu einem Vorstellungsgespräch und bekam eine Stelle, die gar nicht auf dem Stellenmarkt angeboten war. Solche persönlichen Netzwerke[4] nutzen übrigens auch immer mehr große Firmen, um geeignete Arbeitskräfte zu finden: Sie bieten ihren Mitarbeitern sogar Geld an, damit sie unter ihren Bekannten nach passenden Bewerbern suchen.

Berufseinsteiger[5] können auch Praktika, Volontariate[6] oder Trainee-Programme machen und auf diese Weise eine Stelle finden. Jedenfalls war es bei Henri Schmitz so. Weil er schon während der Schulzeit gute Erfahrungen mit Praktika gemacht hat, hat er sich nach seinem Abschluss als Praktikant bei einer Zeitung beworben. Dort hatte er einen Vertrag für sechs Monate, einen interessanten Aufgabenbereich und er bekam 400 Euro pro Monat. Weil sein Arbeitgeber mit Henri sehr zufrieden war, bot er ihm am Ende seines Praktikums ein festes Arbeitsverhältnis an. Henri hatte Glück: Denn leider gibt es auch Firmen, die in Praktikanten billige Arbeitskräfte sehen und mit ihnen einen regulären Arbeitsplatz besetzen.

1 verwirrend: nicht klar, man sieht keine Ordnung
2 binden, band, gebunden: gebunden sein (an einen Ort): man muss dort bleiben
3 mühselig: anstrengend, man braucht viel Zeit
4 Netzwerk das, -e: hier: Kontakte und Verbindungen zu vielen Personen
5 Berufseinsteiger der, -: Personen, die mit einem Beruf anfangen
6 Volontariat das, -e: Praktikum bei einer Zeitung oder einem Verlag

Eine Stelle finden, aber wie?

3 Ergänzen Sie die Sätze mit den Informationen aus dem Text.

a Hanna M. hat einen Informationsdienst abonniert, weil ....

....

b Katharina H. hat über persönliche Kontakte gesucht, weil ....

....

c Henri S. hat ein Praktikum gemacht, weil ....

....

4 Welche Art, eine Stelle zu finden, gefällt Ihnen am besten? Warum?

5 Suchen Sie die folgenden Wörter und Wendungen (1-5) im Text und ordnen Sie die passenden Erklärungen (a-e) zu.

1 der Stellenmarkt	a Der Arbeitsvertrag gilt nicht nur für ein paar Monate.
2 der Anzeigen-Dschungel	b Bekannte und Freunde helfen bei der Arbeitssuche.
3 Stellenanzeigen auswerten	c Dort werden Stellen angeboten und gesucht.
4 Netzwerke nutzen	d Das bedeutet: Stellen nach Beruf, Anforderung und Qualifikation zu sortieren.
5 ein festes Arbeitsverhältnis	e Es ist schwer, sich bei so vielen Anzeigen zu orientieren.

Richtig angezogen zum Bewerbungsgespräch

1 Sprechen Sie im Kurs: Was für Kleidung tragen Sie ...

a an einem normalen Arbeitstag?   b bei einem Bewerbungsgespräch?

2 Lesen Sie den Text und ergänzen Sie zu jedem Abschnitt eine Überschrift.

Richtig angezogen zum Bewerbungsgespräch

© fotolia/ArTo

____

Es geschieht innerhalb weniger Sekunden: So schnell macht man sich eine erste Meinung über eine fremde Person. Dass dieser „erste Eindruck" gut ist, ist vor allem dort wichtig, wo man wahrscheinlich keine zweite Chance bekommt: zum Beispiel bei Bewerbungsgesprächen. Denn da möchte der Arbeitgeber nicht nur herausfinden, ob ein Bewerber die nötigen Kenntnisse für eine Stelle hat. Auch das Aussehen und die Kleidung entscheiden darüber, ob das Gespräch gut läuft, ob man zur Firma passt. Statt also einfach nur irgendetwas zu kaufen und anzuziehen, sollte man sich deshalb zunächst über den Dresscode[1] in der Firma informieren.

____

Generell kann man aber sagen: Wenn eine Frau zu einem Vorstellungsgespräch geht, ist sie im Hosenanzug oder Kostüm und einer Bluse oder einem eleganten Shirt gut angezogen. Keinen guten Eindruck macht es, wenn Frauen beim Bewerbungsgespräch zu viel Haut zeigen: Röcke sollten deshalb bis über das Knie reichen, Ausschnitte nicht zu tief sein und Blusen oder Shirts immer Ärmel[2] haben. Außerdem sollten Bewerberinnen Strümpfe in einer möglichst natürlichen Farbe tragen – auch dann, wenn es warm ist. Und auch Schuhe sagen viel über eine Person aus: Der Kauf von guten Lederschuhen mit nicht zu hohen Absätzen[3] lohnt sich in jedem Fall. Eine klassische Handtasche in einer Farbe, die dazu passt, macht das Outfit[4] komplett. Für Schmuck, Make-up[5] und Parfüm gilt: Weniger ist mehr.

____

Egal, ob Bank, Versicherung oder Werbebranche: Mit einem schönen Anzug liegen Männer beim Bewerbungsgespräch selten falsch. Wichtig dabei ist, dass der Anzug richtig passt. Die Hose darf nicht zu kurz sein, die Jacke nicht zu weit. Zum Anzug gehören ein gutes Hemd und eine Krawatte, die nicht zu bunt sein sollte. Die Socken bzw. Strümpfe müssen lang genug sein und gut sitzen, ihre Farbe muss zu den Schuhen passen. „Verboten" sind bunte oder weiße Socken. Dazu gehören selbstverständlich gute Schuhe. Wenn die Branche einen etwas lockereren Kleidungsstil erlaubt, können Männer zum Bewerbungsgespräch auch eine schöne Stoffhose mit Hemd oder Poloshirt anziehen. Außerdem sollte „er" nicht mehr Schmuck als eine Uhr und, wenn verheiratet, den Ehering tragen.

© Irisblende

____

Selbstverständlich müssen Kleidung und Schuhe sauber und frisch gebügelt bzw. geputzt sein. Außerdem sollte jeder, der zu einem Bewerbungsgespräch geht, darauf achten, dass Haare, Hände und Zähne gepflegt sind. Schließlich ist ein gepflegtes Aussehen für einen guten ersten Eindruck genauso wichtig wie die richtige Kleidung.

1 Dresscode der, -s: eine Vorgabe oder Vorschrift, welche Kleidung man tragen sollte
2 Ärmel der, -: Teil einer Bluse, eines Hemdes oder Shirts, der die Arme bedeckt
3 Absatz der, ¨-e: Teil eines Schuhs, der eine Person größer aussehen lässt
4 Outfit das, -s: hier: die Kleidung, das Aussehen
5 Make-up das: Dazu gehören Cremes, Lippenstift, Wimperntusche etc. Alle diese Dinge trägt man auf das Gesicht, den Mund, die Augen auf, um besser auszusehen.

Richtig angezogen zum Bewerbungsgespräch

3 Lesen Sie den Text noch einmal. Arbeiten Sie mit Ihrer Partnerin / Ihrem Partner und ergänzen Sie die Tabelle.

	♀	♂
KLEIDUNG ☺		
☹		
SCHUHE und STRÜMPFE ☺		
☹		
SCHMUCK, PARFUM, MAKE-UP		

4 Welche Kleiderregeln für Bewerbungsgespräche gibt es in Ihrem Land? Sprechen Sie.

Auf Umwegen zum Ziel: Hilft ein Praktikum, eine Stelle zu finden?

1 **Warum ist es gut, ein Praktikum zu machen? Sprechen Sie.**
Die Redemittel helfen Ihnen dabei.

Praktikanten gesucht!

Möchten Sie
- vielleicht eine neue Stelle finden?
- sich beruflich (neu) orientieren?
- Berufserfahrung sammeln?
- Neues lernen?
- Gelerntes üben?
- die Arbeitswelt kennenlernen?
- ...?

Dann machen Sie ein Praktikum bei uns!

Man macht ein Praktikum, damit ... .
Ein Praktikum lohnt sich, um ... zu ... .
Es ist gut, während oder nach der Ausbildung / dem Studium ein Praktikum zu machen, weil ... .
Man macht ein Praktikum nicht nur, um ... zu ... , sondern auch, um ... zu ... .
Ein Praktikum kann sehr interessant sein, wenn ... .
Ein Praktikum bietet einem die Möglichkeit, ...

2 **Lesen Sie den Text: Welche Antwort gibt der Text auf die Frage in der Überschrift?**

Hilft ein Praktikum, eine Stelle zu finden?

Man hat es immer wieder in den Medien gelesen und gehört: Wenn man eine Stelle sucht, hilft es kaum, ein Praktikum zu machen. Denn oft setzen Firmen Praktikanten nur als billige Arbeitskräfte ein, ohne ihnen eine Chance auf einen festen Arbeitsplatz zu geben. Aber stimmt das wirklich? Sind Praktika tatsächlich so schlecht und aussichtslos? Neue Zahlen zeigen, dass in den letzen Jahren hierzulande immerhin 300000 offene Stellen mit ehemaligen Praktikanten besetzt worden sind.[1] Mit anderen Worten: 300000 Menschen haben eine Stelle gefunden, weil sie ein Praktikum gemacht haben.

Damit man seinem Ziel, nach einem Praktikum eingestellt zu werden, näher kommt, sollte man allerdings einige Dinge beachten:

1) Es empfiehlt sich, als Praktikant <u>ein eigenes Projekt</u> zu betreuen. Denn nur so kann man zeigen, dass man bereit ist, Verantwortung zu übernehmen und eine Aufgabe von Anfang bis Ende zu lösen.

2) Natürlich braucht jede Praktikantin und jeder Praktikant Hilfe und Unterstützung von den Kolleginnen und Kollegen. Trotzdem sollte man versuchen, während seines Praktikums möglichst <u>selbstständig zu arbeiten</u>. Nur so sehen die anderen, dass man ein „Gewinn" für die Firma oder für das Team ist.

3) Um ein Projekt übernehmen und selbstständig arbeiten zu können, braucht man Zeit. Deshalb sollte ein Praktikum nicht zu kurz sein. Eine <u>Dauer von zwei bis drei Monaten</u> ist gut. So hat man die Möglichkeit, sich einzuarbeiten[2] und nach einer bestimmten Zeit effektiv mitzuarbeiten.

4) Voraussetzung für ein gutes Praktikum ist es auch, dass mindestens ein Mitarbeiter der Firma für den Praktikanten verantwortlich ist: Es sollte also unbedingt <u>einen festen Ansprechpartner</u> für den Praktikanten geben, der diesen betreut und Fragen zuverlässig beantwortet.

1 Genaue Zahlen und Jahresangaben findet man unter www.doku.iab.de.
2 sich einarbeiten, hat sich eingearbeitet: das lernen, was man an seinem neuen Arbeitsplatz können muss

Auf Umwegen zum Ziel: Hilft ein Praktikum, eine Stelle zu finden?

5) Wer ein Praktikum macht, möchte vor allem Berufserfahrung sammeln. Der Verdienst ist also nicht das Wichtigste dabei. Trotzdem sollte ein Praktikant aber bezahlt werden und die Bezahlung sollte fair[3] sein. Am besten erkundigt man sich vor dem Praktikum, welche Bezahlung in der Branche üblich ist.

Praktika, das zeigt übrigens der Bericht auch, helfen nicht nur jungen Leuten beim Berufseinstieg. Auch für die 30- bis 40-Jährigen, die schon berufstätig waren und sich neu orientieren müssen oder möchten, weil sie ihre Stelle verloren haben oder den Arbeitsplatz wechseln wollen, bieten sie eine gute Chance: Fast die Hälfte der ehemaligen Praktikanten, die eine Stelle bekamen, waren zwischen 31 und 40 Jahre alt.

Obwohl man in den Medien oft das Gegenteil gelesen hat, können Praktika also durchaus sinnvoll sein. Man sollte allerdings aufpassen, dass man nicht zu viele davon macht: Zwei bis drei Praktika sind genug, um sich beruflich zu orientieren, erste Berufserfahrungen zu sammeln und diese dann zu vertiefen.

(Quellen: http://www.bmas.de (Generation Praktikum), http://www.zeit.de (Praktikantenumfrage), http://doku.iab.de)

3 fair: wenn etwas den Regeln entspricht

3 Was ist richtig? Kreuzen Sie an.

		richtig
a	Ein Praktikum ist nicht nur für ganz junge Leute gut.	☐
b	Man sollte so viele Praktika wie möglich machen.	☐
c	Das Unternehmen sollte dafür sorgen, dass sich ein Mitarbeiter um den Praktikanten kümmert.	☐
d	Praktikanten sollten nur wenige Fragen stellen.	☐
e	Manchmal wird man nach dem Praktikum eingestellt.	☐
f	Ein Praktikum sollte möglichst lang dauern.	☐
g	Es ist ideal, wenn man im Praktikum ein eigenes Projekt betreut.	☐

4 Der Text enthält fünf Tipps, wie ein Praktikum zum Erfolg führen kann. Wie werden die Tipps begründet? Kreuzen Sie an.

1 Wenn ein Praktikant ein eigenes Projekt betreut,

a ☐ kann er zeigen, dass er schon alles kann.

b ☐ übernimmt er Verantwortung und zeigt, dass er eine Aufgabe zu Ende führen kann.

c ☐ kann er aus Fehlern lernen.

Auf Umwegen zum Ziel: Hilft ein Praktikum, eine Stelle zu finden?

2 Ein Praktikant sollte selbstständig arbeiten, um zu zeigen, dass
a ☐ er den Kollegen keine Arbeit macht.
b ☐ er sich von anderen nichts sagen lässt.
c ☐ er dem Unternehmen nützt.

3 Es ist ideal, wenn ein Praktikum zwei bis drei Monate dauert, denn dann
a ☐ kann man sich gut einarbeiten und effektiv mitarbeiten.
b ☐ ist auch ein sehr unordentliches Büro aufgeräumt.
c ☐ hat man alle Abteilungen kennengelernt.

4 Ein Praktikant braucht einen festen Ansprechpartner,
a ☐ der ihn den Kollegen vorstellt.
b ☐ der ihn betreut und bei Fragen weiterhilft.
c ☐ für den er Hilfsarbeiten erledigen kann.

5 Der Praktikant verdient eine faire Bezahlung,
a ☐ wie sie in der Branche üblich ist.
b ☐ wie sie seiner Leistung entspricht.
c ☐ wie sie sich die Firma gerade leisten kann.

5 Haben Sie schon einmal ein Praktikum oder Praktika gemacht? Wann, wo und bei wem? Erzählen Sie.

Das starke Geschlecht? Warum Männer kürzer leben als Frauen

**1 Machen Sie eine Umfrage zum Thema Gesundheit.
Wer lebt gesünder: die weiblichen oder die männlichen Kursteilnehmer?**

Obst und Gemüse? Fleisch? Alkohol? Zigaretten?

Sport oder Bewegung an der frischen Luft? Vorsorgeuntersuchungen?

2 Lesen Sie den Text Abschnitt für Abschnitt. Fassen Sie die Hauptidee jedes Abschnitts in einem Satz zusammen. Notieren Sie diesen Satz rechts.

Das starke Geschlecht?
Warum Männer kürzer leben als Frauen

„Das schwache Geschlecht" ist ein veralteter Begriff. Trotzdem braucht man eigentlich nicht zu erklären, wer das ist: die Frauen natürlich. Aber sind Frauen tatsächlich das schwache Geschlecht? Neuere Daten zur Gesundheit und Lebenserwartung[1] behaupten das Gegenteil: Denn in 186 von 191 Ländern auf der Welt sterben Männer früher als Frauen. Auch hierzulande ist das so: Während Frauen durchschnittlich ungefähr 82 Jahre alt werden, werden Männer „nur" 76 Jahre. Ist das schwache Geschlecht also nicht eher das starke Geschlecht und das starke Geschlecht das schwache?

Männer, das zeigen verschiedene Untersuchungen, leben ungesünder und gefährlicher als Frauen. Dafür gibt es viele Gründe. Manche liegen schon in der Kindheit. Denn besonders die Jungen hören von den Erwachsenen oft Sätze wie *Nimm dir noch etwas, damit du groß und stark wirst!* und *Ein Indianer kennt keinen Schmerz*. Ist es dann nicht normal, dass Männer später mehr essen, häufiger Übergewicht haben und nur dann zum Arzt gehen, wenn sie sich verletzt haben oder schon krank sind?

Mädchen und Frauen sprechen oft mit ihren Müttern, Freundinnen und Partnern über ihre Gesundheit und über gesundheitliche Probleme. Schon als Jugendliche gehen sie regelmäßig zu Vorsorgeuntersuchungen. Wenn Frauen dann Kinder bekommen, gehören Arztbesuche zu ihrem Alltag. Bei den Männern ist das anders. Viele finden, dass Gespräche über Gesundheit und Arztbesuche „unmännlich" sind. Als starker „Marlboro-Typ", der sie sein wollen und oft auch sein sollen, darf man schließlich keine Schwächen zeigen.

1 Lebenserwartung die: die Zahl der Jahre, die Menschen durchschnittlich leben

Das starke Geschlecht? Warum Männer kürzer leben als Frauen

Das will auch die Gesellschaft so: Wenn Männer sich in der Arbeit krankmelden, reagieren die Vorgesetzten meistens sehr viel weniger verständnisvoll[2] als sie das bei Frauen tun, die wegen Krankheit zu Hause bleiben. Darum reduzieren gerade berufstätige Männer ihre Arztbesuche, um Ärger mit dem Chef zu vermeiden und ihren Arbeitsplatz nicht in Gefahr zu bringen. Sie arbeiten auch dann, wenn es ihnen nicht gut geht und legen sich erst ins Bett, wenn es eigentlich schon zu spät ist. Zwar sind Männer seltener krank als Frauen, dafür aber länger.

Um das Gesundheitsbewusstsein von Männern zu fördern und ihnen mehr Möglichkeiten für Gespräche mit Ärzten zu geben, wird zurzeit vieles getan: Ärzte haben zum Beispiel damit begonnen, in Firmen und Betriebe zu kommen und Sprechstunden am Arbeitsplatz anzubieten. Sie berichten, dass diese Termine ganz schnell ausgebucht sind. Das zeigt, dass Männer sich sehr wohl für ihre Gesundheit interessieren, aber im Alltag einfach zu wenig Zeit dafür haben.

Außerdem entstehen in immer mehr Städten im deutschen Sprachraum Zentren für Männergesundheit, die sich auf typische Männerkrankheiten und ihre Behandlung spezialisiert haben. Das Ziel dabei ist klar: Es soll einmal so werden wie bei den Männern und Frauen, die sich für ein Leben im Kloster entschieden haben: Interessanterweise leben Mönche nämlich anscheinend fast genauso lange wie Nonnen. Haben Sie vielleicht eine Idee, warum das so ist?

2 verständnisvoll (sein): Eine Person, die andere Menschen versteht, nennt man verständnisvoll.

(Nach DIE ZEIT: , „Der Eva-Faktor“ von Harro Albrecht)
www.fem.at

3 Fassen Sie den Text mündlich in sechs Sätzen zusammen. Ihre Notizen und die Redemittel helfen Ihnen dabei.

Im ersten / zweiten / dritten / ... Abschnitt geht es darum,
Der erste / zweite / ... Abschnitt handelt / spricht davon,
Die Hauptidee des ersten / zweiten / ... Abschnitts ist,
Das Thema des ersten / zweiten / ... Abschnitts ist,
} dass ... .

Das starke Geschlecht? Warum Männer kürzer leben als Frauen

4 „Ein Indianer kennt keinen Schmerz". Was bedeutet das? Gibt es in Ihrer Sprache eine ähnliche Redewendung? Sprechen Sie.

5 Warum werden Mönche so alt? Versuchen Sie, die Frage zu beantworten.

ruhiges Leben • gesundes Essen • weniger Stress und Sorgen • wenig Alkohol
regelmäßiger Tagesablauf • Glauben und Gebete • Leben in einer Gemeinschaft bzw. mit Leuten, die dasselbe denken und glauben • wenig Nikotin

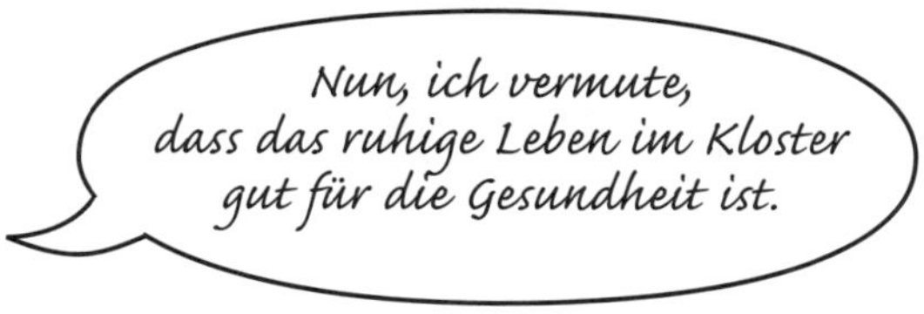

Leistungsbereit und belastbar: Was bedeuten diese Wörter in Stellenanzeigen eigentlich?

1 Was ist wichtig, um im Beruf Erfolg zu haben? Sammeln Sie. Denken Sie dabei auch an Ihren (Wunsch-)Beruf.

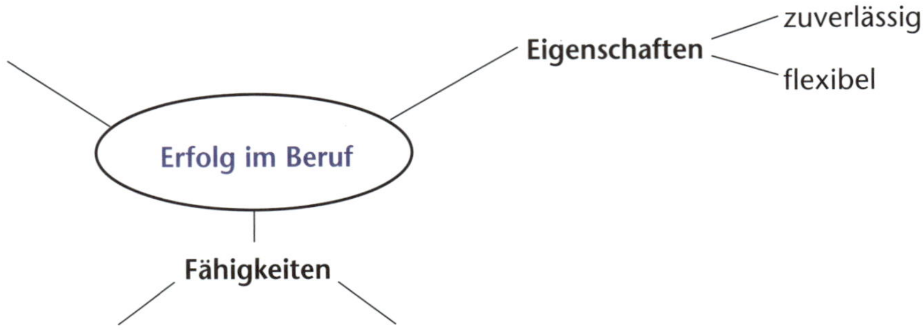

2 Arbeiten Sie in der Gruppe. Welche Wörter stecken in *leistungsbereit*, *belastbar*, *teamfähig* und *kommunikationsfähig* und was bedeuten sie wohl?

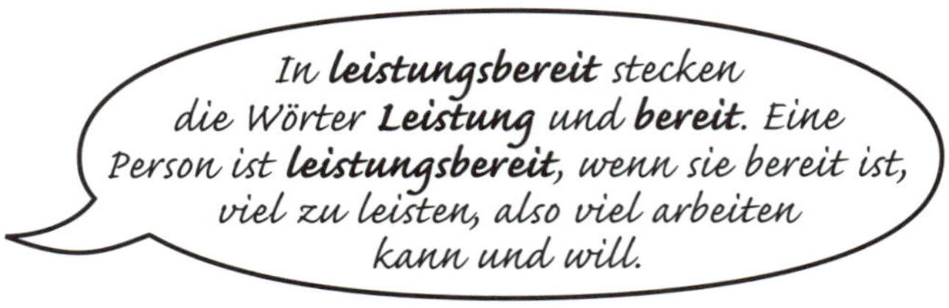

3 Lesen Sie den Text und ergänzen Sie die Tabelle.

***Leistungsbereit und belastbar:* Was bedeuten diese Wörter eigentlich?**

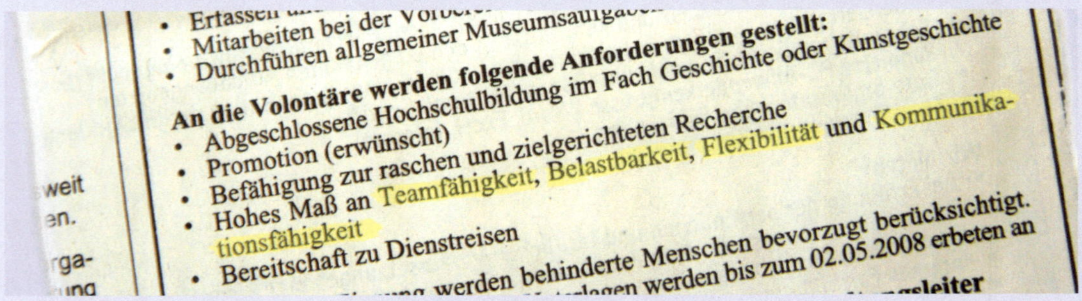
- Mitarbeiten bei der Vorbe...
- Durchführen allgemeiner Museumsaufgaben

An die Volontäre werden folgende Anforderungen gestellt:
- Abgeschlossene Hochschulbildung im Fach Geschichte oder Kunstgeschichte
- Promotion (erwünscht)
- Befähigung zur raschen und zielgerichteten Recherche
- Hohes Maß an Teamfähigkeit, Belastbarkeit, Flexibilität und Kommunikationsfähigkeit
- Bereitschaft zu Dienstreisen

... werden behinderte Menschen bevorzugt berücksichtigt. ... Unterlagen werden bis zum 02.05.2008 erbeten an

© MHV-Archiv

Anja und ihr Freund Manuel sind auf Arbeitssuche und studieren schon seit einiger Zeit die Stellenanzeigen in Zeitungen und in Jobbörsen. Immer wieder lesen sie in den Stellenangeboten, dass die Bewerber ***leistungsbereit***, ***belastbar***, ***teamfähig*** und ***kommunikationsfähig*** sein sollen. Anja und Manuel kennen diese Wörter zwar, aber sie wissen nicht ganz genau, was sie bedeuten und warum gerade diese Eigenschaften im Beruf so wichtig sind. Nach einem Gespräch mit einem Berufsberater haben die beiden mehr darüber erfahren:

Leistungsbereit und belastbar: Was bedeuten diese Wörter in Stellenanzeigen eigentlich?

(1) Leistungsbereit

Man muss abends nicht immer als Letzter das Büro verlassen oder einen vollgepackten Arbeitsplatz haben. Aber man sollte bereit sein, selbstständig zu arbeiten, neue Aufgaben zu übernehmen und dafür auch einmal mehr Zeit zu investieren. Wenn die Chefin oder der Chef mit einem neuen Projekt kommt, sollte man also nicht sofort sagen: *Das ist nicht meine Aufgabe!* oder warten, bis sie/er sagt, was genau zu tun ist. Leistungsbereit heißt, offen für neue Aufgaben zu sein und sich weiterzuentwickeln. Dazu muss man sich eigene Ziele setzen und diese Ziele auch erreichen wollen. Manchmal bedeutet das, eine Zeitlang etwas mehr arbeiten oder eine Fortbildung machen zu müssen.

(2) Belastbar

Es gibt Momente, da passiert alles auf einmal: Jemand braucht dringend eine Auskunft, man selbst spricht gerade mit einem Kunden, das Telefon klingelt und draußen wartet eine Kollegin auf ein Gespräch. Außerdem beginnt in einer halben Stunde eine Teambesprechung, für die noch Papiere kopiert werden müssen. Wer belastbar ist, verliert in solchen Situationen nicht den Überblick und erledigt trotz Termindruck alle Aufgaben zuverlässig und gut. Das bedeutet, dass man Prioritäten setzen kann, also entscheidet: Welche Aufgaben sind am wichtigsten, welche können warten? Was muss zuerst gemacht werden, was hat noch etwas Zeit? Manchmal muss man aber auch damit zurechtkommen, dass gar nichts Aufregendes passiert und nur Routinearbeiten erledigt werden müssen wie Regale einräumen, Rechnungen abheften oder Ähnliches. Auch das heißt: belastbar sein.

(3) Teamfähig

Wer in einem Orchester spielt, Mannschaftssport macht oder in der Gemeinde Spiele-Nachmittage für Kinder organisiert, kennt sich mit Teamarbeit aus. Wichtig ist das gemeinsame Ziel, das man im Team bzw. in der Gruppe erreichen möchte. Es kommt also vor allem darauf an, sich zu integrieren und sich an Absprachen mit den anderen zu halten. Teamspieler wissen, dass sie wichtig sind, weil sie ganz spezielle Aufgaben haben. Aber sie wissen auch, dass ein Erfolg keine Einzelleistung, sondern der Erfolg der ganzen Gruppe ist. Wer teamfähig ist, lässt sich gerne helfen, hilft aber genauso gerne auch den anderen.

(4) Kommunikationsfähig

Jemand telefoniert gerne, findet auf Partys schnell Kontakt und redet ständig: Ist diese Person dann kommunikationsfähig? Nicht unbedingt. Kommunikationsfähig sind Personen, die sowohl sagen können, was sie selbst wollen, als auch verstehen, was andere möchten. Es geht also darum, anderen seine Wünsche und Vorstellungen verständlich zu machen und gleichzeitig die Wünsche und Vorstellungen der anderen zu verstehen. Dazu muss man gut zuhören können, Verständnis für andere haben und taktvoll sein – und zwar im Umgang mit allen: mit Kollegen, Untergebenen, Vorgesetzten und mit Kunden. Kommunikationsstärke zeigt sich besonders auch dann, wenn es schwierig wird und Konflikte gibt: Denn eine kommunikationsfähige Person kann Kompromisse machen und somit auch leichter Probleme lösen.

(Quellen: Bundesinstitut für Berufsbildung www.bibb.de; Hochschulanzeiger der Frankfurter Allgemeinen Zeitung www.faz.net)

Leistungsbereit und belastbar: Was bedeuten diese Wörter in Stellenanzeigen eigentlich?

Eigenschaft	Was bedeutet das?	Was bedeutet das nicht?
leistungsbereit	mehr arbeiten Aufgaben übernehmen selbstständig arbeiten sich eigene Ziele setzen sich weiterentwickeln Neues lernen	als Letzter gehen voller Arbeitsplatz abwarten
belastbar		
teamfähig		
kommunikationsfähig		

Leistungsbereit und belastbar: Was bedeuten diese Wörter in Stellenanzeigen eigentlich?

4 Lesen Sie die vier Situationen. Welche Eigenschaft brauchen die Personen? Kreuzen Sie an und überlegen Sie, warum gerade diese Eigenschaft wichtig ist.
(Es sind auch mehrere Kreuze möglich.)

	leistungs-bereit	belast-bar	team-fähig	kommunika-tionsfähig
a Frau Sigbert und Frau Mahler überlegen, wie sie ihrer Kollegin am besten klar machen, dass sie Briefe immer falsch ablegt und sie dann niemand mehr findet.	☐	☐	☐	☐
b Die Firma baut die Geschäftsverbindungen nach Dänemark aus. Margit spricht Dänisch und überlegt, ob sie ihrem Chef das sagen soll.	☐	☐	☐	☐
c Seit zwei Wochen ist Norbert Kern in der neuen Abteilung. Bisher musste er eigentlich nur kopieren. So hatte er sich die neue Arbeit nicht vorgestellt.	☐	☐	☐	☐
d Es gibt am Abend überraschend eine Besprechung. Dafür soll Hannes S. noch Unterlagen zusammenstellen und außerdem auch während der Besprechung im Büro bleiben. Er wollte eigentlich mit seiner Freundin ins Kino gehen.	☐	☐	☐	☐
e Es sind nur noch zwei Tage bis zu einer wichtigen Präsentation. Heute sollen die Mappen und die Folien fertig werden. Katrin sollte sich um die Fotos kümmern. Sie hatte aber noch andere Dinge zu erledigen und ist nicht dazu gekommen.	☐	☐	☐	☐

Aufschwung oder Abschwung: Fachkräfte werden immer gesucht

1 Aufschwung oder Abschwung? Welche Grafik passt zu welchem Wort? Ergänzen Sie.

____

____

2 Welche Folgen hat ein Aufschwung, welche Folgen hat ein Abschwung? Sprechen Sie.

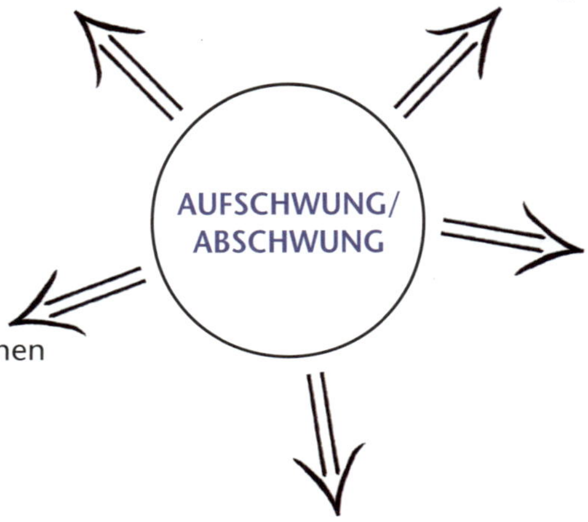

es gibt wieder mehr ≠ weniger
wachsen ≠ schrumpfen
steigen ≠ sinken
zunehmen ≠ abnehmen
Gewinne machen ≠ Verluste machen

3 Lesen Sie den Text und ergänzen Sie: Wo steht das?

a Bei einem Aufschwung haben einige Branchen Personal-Probleme, weil sie nicht genug Fachkräfte finden. — Zeile _____ bis Zeile _____

b Wenn hier mehr qualifizierte Arbeitskräfte aus dem Ausland arbeiten könnten, würde es das Problem des Fachkräfte-Mangels vielleicht nicht geben. — Zeile _____ bis Zeile _____

c Viele Firmen stellen keine Arbeitskräfte aus dem Ausland ein, weil ihnen das zu teuer ist. — Zeile _____ bis Zeile _____

d Damit junge Leute später technische oder naturwissenschaftliche Berufe wählen, müssen sie schon in der Schule Fächer wie Mathematik, Informatik, Naturwissenschaft und Technik haben. — Zeile _____ bis Zeile _____

e Um Mädchen für technische Berufe zu interessieren, gibt es bei vielen Firmen sogenannte „Girls' Days". — Zeile _____ bis Zeile _____

Aufschwung oder Abschwung: Fachkräfte[1] werden immer gesucht

Bei einem Aufschwung sind die Zahlen gut: Die Wirtschaft wächst, die Unternehmen machen Gewinne und in vielen Branchen gibt es mehr Aufträge. Auch die Lage am Arbeitsmarkt entspannt sich: Die Zahl der Arbeitslosen sinkt, weil viele Firmen neue Arbeitskräfte einstellen, um die wachsende Zahl an Aufträgen erfüllen zu können. Trotzdem haben dann einige Branchen hier Probleme: Sie können häufig ihre offenen Stellen nicht besetzen[2], weil es nicht genug Fachkräfte gibt: Es fehlen vor allem Werkzeugmacher, Elektriker und Schlosser, aber auch Ingenieure und IT-Spezialisten.

Das Problem des Fachkräfte-Mangels gibt es natürlich besonders während eines Aufschwungs, es existiert aber auch in Zeiten des Abschwungs. Eigentlich wäre das Problem schnell gelöst, wenn hier mehr gut ausgebildete Arbeitskräfte aus dem Ausland arbeiten dürften, findet das Institut der deutschen Wirtschaft. Doch das ist nicht so leicht, denn Unternehmen müssen hier einem sehr gut qualifizierten Arbeitnehmer aus dem Ausland zurzeit über 60 000 Euro Jahresgehalt bezahlen. Das ist für viele Firmen zu viel und so verzichten sie darauf, ausländische Arbeitnehmer anzuwerben[3] und einzustellen.

Um in Zukunft keinen Mangel an Fachkräften zu haben, will man sich wieder mehr um die jungen Leute kümmern. Damit diese sich für Ingenieur- oder andere technisch-naturwissenschaftliche Berufe entscheiden, müssen schon in der Schule die sogenannten MINT-Fächer, also Mathematik, Informatik, Naturwissenschaft und Technik, mehr und besser unterrichtet werden. Und damit gerade auch Mädchen ein Interesse an technischen Berufen entwickeln, veranstalten viele Firmen regelmäßig „Girls' Days“: Das sind Tage, an denen Firmen Mädchen zu sich einladen, um ihnen technische und naturwissenschaftliche Berufe und Aufgaben vorzustellen und zu erklären.

1 Fachkraft die, ¨e: eine qualifizierte Arbeitskraft
2 eine offene Stelle besetzen: jemanden einstellen
3 anwerben, hat angeworben: hier: Arbeitskräfte aktiv suchen

(Quellen: Handelsblatt vom 20. April 2007, Süddeutsche Zeitung vom 28./29.April, Die ZEIT vom 6. Juni 07)

4 Welche Berufe sollte man in Ihrem Land wählen, wenn man gute Chancen auf dem Arbeitsmarkt haben möchte? Sprechen Sie.

Wie Container die Welt verändert haben

1 Was sehen Sie auf dem Bild? Sprechen Sie. Die Wörter helfen Ihnen dabei.

der Kran • heben • das (Container-)Schiff • beladen / entladen • der Hafen
der Container • liegen • der Lkw • bringen • transportieren • ...

© iStockphoto/choicegraphx

2 Lesen Sie den Text und ergänzen Sie zu jedem Abschnitt eine Überschrift.

Wir trinken Wein aus Kalifornien, essen Fleisch aus Argentinien oder Neuseeland und Obst und Gemüse aus Ägypten und Israel. Wir fahren Autos, die in Japan, Korea oder anderswo auf der Welt gebaut worden sind, und arbeiten an Computern und Laptops, die in Asien oder Amerika produziert wurden. Kleidung, Spielsachen und viele andere Alltagsgegenstände benutzen wir, ohne dass wir über ihr Herkunftsland nachdenken. Oft kommen sie von weit her in unsere Kaufhäuser und Geschäfte, wo wir sie relativ günstig kaufen können. Andersherum ist es natürlich genauso: Amerikaner, Russen, Chinesen und Menschen anderer Nationen dieser Welt finden in ihrer Heimat fast alles, was im deutschen Sprachraum gefertigt und dann in die einzelnen Länder exportiert worden ist.

Dass heute eine Flasche Wein aus Australien im Regal eines deutschen Supermarkts steht und diese genauso viel kostet wie eine Flasche Wein aus dem nahen Österreich, liegt an einer 2 Meter 60 hohen, 2 Meter 44 breiten und 6 Meter langen Box aus Stahl[1], die auf riesigen Schiffen um die Welt reist: dem Container. Seine Erfindung hat den weltweiten Handel mit Waren aller Art und Größen überhaupt erst möglich gemacht. Denn indem man Waren in gleich große Container packt, kann man sie leicht und schnell mit Kränen auf große Schiffe laden und von einem Kontinent zu einem anderen befördern[2]. Der Container ist also ein Grund dafür, warum es heute nur ein paar Cent kostet, eine in Asien genähte Hose nach Europa zu bringen. Seitdem es ihn gibt, lohnt es sich (noch mehr), weltweit zu handeln. Aber seit wann gibt es diese Boxen aus Stahl eigentlich?

1 Stahl der: Material, aus dem zum Beispiel auch Messer gemacht werden
2 befördern, hat befördert: an einen anderen Ort bringen

Wie Container die Welt verändert haben

Malcolm McLean war erst 23, als er gelangweilt an einem Hafen an der amerikanischen Ostküste stand. Er hatte gerade einen Lastwagen mit Baumwolle[3] dorthin gefahren und musste warten, bis die Baumwolle auf das Schiff geladen wurde und er wieder weiterfahren konnte. Das war 1937 und McLean musste lange warten, denn es gab weder Kräne noch Container, die das Beladen der Schiffe leichter und schneller gemacht hätten. 19 Jahre später sah das anders aus: McLean hatte inzwischen eine Transportfirma gegründet und 20 Fuß messende Boxen entwickelt, in die er seine Waren packte. Diese Container konnte er vom Lkw aufs Schiff und vom Schiff auf den Lkw laden. Seitdem gilt McLean als Erfinder der „geschlossenen Transportkette“: So wird das Prinzip genannt, mit dem man Waren von Land auf See oder von See auf Land oder von Land zu Land befördert, indem man verschiedene Transportmittel – Lkw, Schiff, Zug oder Flugzeug – miteinander kombiniert.

Das erste, mit McLeans Containern beladene Schiff fuhr übrigens 1956 von Newark nach Houston/Texas. Heute transportieren mehr als 3000 Schiffe, jedes davon bepackt mit bis zu 13 000 Containern, Waren über die Weltmeere und wickeln damit 95 % des internationalen Warenverkehrs ab.

3 Baumwolle die: Material, aus dem zum Beispiel Kleidung gemacht wird

3 Lesen Sie die Fragen und antworten Sie.

a Was bedeutet der weltweite Handel mit Gütern und Waren für unser Alltagsleben?
b Welche Erfindung hat den weltweiten Handel erst möglich gemacht?
c Was erfahren Sie im Text über Malcolm McLean?
d „Heute wickeln mehr als 3000 Containerschiffe 95 % des internationalen Warenverkehrs ab.“ Was bedeutet dieser Satz?

4 Überfliegen Sie den Werbetext der Transportfirma INTERFRACHT. Was macht die Firma für ihre Kunden? Sprechen Sie im Kurs.

Per Seefracht legen Ihre Waren große Entfernungen als Containerladung zurück. Dabei koordinieren wir für Sie die gesamte Abwicklung: von der Wahl der richtigen Transport- und Lademittel bis zur seemäßigen Verpackung und zuverlässigen Verschiffung.

Als Komplettanbieter in der Seefracht sind wir Ihr Logistiker für weltweite Container-Transporte einschließlich Abwicklung aller Zollformalitäten u. Transportversicherung. Lkw, Bahn und Binnenschiff ergänzen die Transportkette.

Wie Container die Welt verändert haben

5 Arbeiten Sie mit Ihrer Partnerin / Ihrem Partner. Welches Transportmittel würden Sie wählen, wenn Sie bei der Firma INTERFRACHT arbeiten würden?

Schiff	Bahn / Güterzug	Lkw	Flugzeug
schwere Güter	schwere Güter	leichte Güter	leichte Güter
große Mengen	schnell	schnell und flexibel	sehr schnell
weltweit	innerhalb Europas	an jeden Ort in Europa	weltweit

© iStockphoto/choicegraphx

© fotolia/ Kenneth Sponsler

© fotolia/sculpies

© iStockphoto/Fran van den Bergh

Firma A möchte kleine Kisten mit Maschinenteilen so schnell wie möglich nach Indien schicken.
= ______________________

Firma B möchte Fahrräder innerhalb von zwei Tagen an ein Touristikunternehmen in eine Kleinstadt nach Portugal transportieren. = ______________________

Firma C beabsichtigt, einen ganzen Container voll mit Werkzeugen am besten über Nacht nach Moskau zu senden. = ______________________

Firma D muss eine große, schwere Gasturbine nach Argentinien bringen. Der Liefertermin ist in drei Wochen. = ______________________

Stimmt so!

1 Was bedeuten die Wörter? Erklären Sie.

a Bargeld   b Kleingeld   c Trinkgeld   d Taschengeld

e Urlaubsgeld   f Wechselgeld   g Kindergeld

Kleingeld sind Münzen, zum Beispiel zehn oder zwanzig Cent oder ein Euro.

2 Lesen Sie die Überschrift und sehen Sie das Bild an. Von welchem „-geld" aus 1 handelt der Text wohl?

Stimmt so!

© fotolia/garteneidechse

3 Lesen Sie jetzt den ganzen Text und kreuzen Sie an: Was ist richtig?

Kellner bekommen es, Köche aber nicht. Auch Stewardessen und Stewards auf dem Schiff bekommen es, Stewardessen und Stewards im Flugzeug aber nicht, obwohl man in beiden Berufen direkten Kontakt zu Kunden hat. Sicher wissen Sie schon, was „es" ist? Natürlich: „Es" ist das Trinkgeld, das Gäste oder Kunden Kellnern, Schiffsstewards, Taxifahrern, Zimmermädchen, Friseuren, Handwerkern, Reiseführern und vielen anderen Dienstleistern geben. Und das meistens freiwillig, also: ohne es tun zu müssen.

Die Geschichte des Trinkgeldes

Die Sitte, Trinkgeld zu geben, gibt es schon seit vielen Jahrhunderten. Doch wichtig wurde das Trinkgeldgeben vor allem im 18. Jahrhundert, als die Menschen zu reisen begannen. Das war damals gefährlich und unbequem und so „kaufte" sich der Reisende bessere Bedingungen, indem er Kutschern[1] und Gastwirten Geld gab, um beschützt und besser bedient zu werden. Da Kutscher und Gastwirte sich mit diesem Geld meistens ein (oder mehrere) Getränk(e) finanzierten, hieß und heißt das Trinkgeld *Trinkgeld*. Um 1900 wurde das Trinkgeldgeben in der Reisebranche, in der Gastronomie und in anderen Dienstleistungsberufen im deutschen Sprachraum dann zur festen Sitte. Das ist bis heute so geblieben: Trinkgelder machen gerade in diesen Berufszweigen bis heute einen wichtigen Teil des Verdienstes[2] aus.

1 Kutscher der, -: Fahrer einer Kutsche, also eines Wagens, der von Pferden gezogen wird
2 Verdienst der, -e: das Einkommen, der Lohn

Stimmt so!

Warum man es gibt
Während man früher vor allem Trinkgeld gab, um einen Vorteil für sich zu bekommen (zum Beispiel die Sicherheit beim Reisen), ist das heute anders: Man gibt auch dann Trinkgeld, wenn man eigentlich keinen Nutzen mehr davon hat. Warum tut man das? Warum legt man zum Beispiel dem Zimmermädchen vor der Abreise einen 10-Euro-Schein auf den Nachttisch[3], obwohl man es wahrscheinlich nie mehr wiedersieht? Zum einen natürlich, weil man ihm zeigen möchte, dass man mit seiner Arbeit zufrieden war: Mit einem kleinen Geldgeschenk bedankt man sich für das Aufräumen und Saubermachen. Zum anderen lässt man das Geld aber auch deshalb liegen, weil es üblich geworden ist. Man gibt oft auch dann Trinkgeld, wenn man mit der Leistung nicht so zufrieden war. Man möchte damit vielleicht auch zeigen, dass man genug Geld hat und es sich leisten kann, Trinkgeld zu geben.

Eine Sitte, bei der man viel falsch machen kann
Richtig Trinkgeld zu geben ist nicht leicht. Denn überall herrschen verschiedene Trinkgeld-Sitten. Wenn der Gast dem Kellner in einem deutschen Restaurant 5 bis 10 % des Rechnungsbetrages als Trinkgeld gibt, verhält er sich korrekt. In den USA könnte er dagegen Ärger mit der Bedienung bekommen, denn die erwartet ein Trinkgeld von 15 bis 20 % des Betrages. Das Trinkgeld wird dort nicht nur als nettes Dankeschön gesehen, sondern ist – da der Stundenlohn eines Kellners sehr niedrig ist – ein notwendiger Teil des Einkommens.

Doch nicht nur die Höhe des Trinkgeldes ist von Land zu Land verschieden. Auch wie man das Trinkgeld gibt, ist überall anders. Lässt man es auf dem Tisch liegen oder gibt man es der Bedienung direkt? Was sagt man dazu? „Stimmt so!" oder: „Der Rest ist für Sie!"? Oder gibt man das Trinkgeld schweigend? Und was ist, wenn der Kellner gar kein Kellner ist, sondern der Besitzer des Restaurants oder Cafés? Gibt man ihm auch Trinkgeld oder ist das dann eine Beleidigung?

Sie sehen, das Thema Trinkgeld ist kompliziert, aber auch interessant. Vielleicht erzählen Sie, wie es in Ihrem Land mit dieser Sitte aussieht? Wer bekommt Trinkgeld, wer bekommt keines? Wer gibt es, wer nicht? Wie hoch muss es sein, damit es nicht beleidigend ist? Wir sind neugierig, welche Antworten Sie auf diese Fragen geben!

(Nach: Winfried Speitkamp: Der Rest ist für Sie! Kleine Geschichte des Trinkgeldes. Reclam, 2008)

3 Nachttisch der, -e: kleiner Tisch oder Schrank neben dem Bett, auf den man zum Beispiel den Wecker stellt

Stimmt so!

1 Trinkgeldgeben ist

a ☐ eine freiwillige Geste, also eine Art Geschenk.

b ☐ eine ärgerliche Pflicht, also etwas, das man nicht gerne tut, aber tun muss.

2 Trinkgeld bekommt man oft dann, wenn man

a ☐ die Kunden nicht gut kennt.

b ☐ direkten Kontakt zu Kunden hat.

3 Das Trinkgeldgeben ist

a ☐ eine moderne Erfindung.

b ☐ eine Jahrhunderte alte Sitte.

4 Früher gaben die Leute Trinkgeld,

a ☐ weil sie dadurch auf mehr Service und Sicherheit auf Reisen hofften.

b ☐ weil sie gerne mit Kutschern und Gastwirten tranken.

5 Heutzutage gibt man Trinkgeld,

a ☐ weil man mit der Arbeit einer Person zufrieden war und auch, weil es üblich geworden ist.

b ☐ weil man mehr Geld als früher hat.

6 Wie, wem und wie viel Trinkgeld man gibt,

a ☐ ist in allen Ländern gleich.

b ☐ ist überall anders.

4 Warum heißt das Trinkgeld *Trinkgeld*? Wie ist das in Ihrer Sprache?

5 Lesen Sie noch einmal den letzten Absatz des Textes. Erzählen Sie etwas über das Trinkgeldgeben in Ihrem Land. Geben Sie immer Trinkgeld? Wenn ja, wie viel? Wenn nein: Warum nicht?

zu Seite 4 bis Seite 5: Rauchverbot in Restaurants: Was bedeutet das für die Tabakindustrie?

2

Foto 1: die Werbung, die Zigarettenmarke
Foto 2: der Aschenbecher
Foto 3: das Feuerzeug

3

		richtig	falsch
a	In Österreich und in der Schweiz rauchen nicht so viele Menschen.	☐	☒
b	Man darf im Rathaus nicht rauchen.	☒	☐
c	Ein Nikotin-Espresso ist ein Kaffee und eine Zigarette.	☐	☒
d	Die Tabakindustrie findet das Rauchverbot nicht schlecht.	☒	☐
e	Raucher müssen jetzt schnell viel rauchen.	☐	☒
f	Raucher-Räume sind gut für Zigarettenwerbung.	☒	☐
g	Im Kino darf man ab 18 Uhr rauchen.	☐	☒

4

a In Deutschland raucht jeder dritte Erwachsene und jeder fünfte Jugendliche.
b Raucher und Passivraucher werden oft krank.
c Auf Bahnhöfen, Flughäfen und Behörden, in Schulen und Krankenhäusern darf man nicht rauchen.
d Raucher dürfen auf der Straße und in Extra-Räumen rauchen.
e Die Tabakindustrie kann die Raucher-Räume mit Aschenbechern, Feuerzeugen, Lampen, Plakaten und Farbdesign gestalten.
f Im Radio und im Fernsehen, in Zeitungen und bis 18 Uhr im Kino ist Werbung für Zigaretten verboten.

zu Seite 6 bis Seite 7: Bergkäse oder Schafmilch-Joghurt: Wie Schweizer Bauern ihr Geld verdienen

1

a **Zum Beispiel:**
Kartoffeln, Milch, Joghurt, Käse, Quark und andere Milchprodukte, Eier, Fleisch- und Wurstwaren, Obst und Gemüse

b biologisch.

c

2

Viel Arbeit, wenig Lohn
Für Bauern ist das Leben nicht einfach: ...

Bio ist beliebt
Das können Schweizer Bauern mit ihren kleinen Höfen nicht. Sie brauchen also besonders gute Produkte. Und so stellen viele Schweizer Bauern jetzt Berg- und Bioprodukte her: ...

Neue Farben, neue Fleischsorten
Doch nicht alle Schweizer Landwirte leben von Bio- und Bergprodukten. Viele verdienen ihr Geld auch anders: Sie züchten und verkaufen ganz neue Produkte: ...

Regional und / oder international
Ein Ziel, zwei Wege: Die Schweizer Bauern wollen Bauern bleiben ...

3

a Die Schweizer Bauern arbeiten hart für wenig Geld. Sie haben hohe Kosten und können ihre Produkte nicht so billig verkaufen wie ihre Konkurrenten.
b Viele Schweizer Bauern produzieren Berg- und Bioprodukte oder züchten und verkaufen ganz neue Produkte wie gelbe Tomaten oder Fleisch von Lamas oder Bisons.
c Immer mehr Menschen finden gesundes Essen und eine gesunde Lebensweise wichtig.
d Heimische Produkte: Birnen, Joghurt, Kartoffeln, Rindfleisch, Schweinefleisch, ...
Internationale Produkte: Lama- oder Straußenfleisch, Kiwis, Ananas, Avocados, ...

zu Seite 8 bis Seite 10: Drei Berufe kurz vorgestellt: Wer macht was, wo und womit?

2

	Was machen ...? (= Tätigkeiten)	Wo arbeiten ...? (= Arbeitsplatz)	Womit arbeiten ...? (= Arbeitsmittel)	Wie müssen ... sein? / Was müssen ... können? (= Eigenschaften / Fähigkeiten)
Verkäufer	verkaufen, (Produkte) zeigen und erklären, Ratschläge geben	in Läden und Geschäften, in Supermärkten, in Buchhandlungen und Kaufhäusern	Lebensmitteln, Kleidung, Elektrogeräte, Bücher, CDs und DVDs, Autos und viele andere Waren	freundlich, kompetent, höflich
Reiseverkehrs-kaufleute	Reisen organisieren und verkaufen, Kunden über Reiseziele informieren, Kunden Ratschläge geben	in Reisebüros, in Touristen-informations-zentren	mit dem Telefon, mit Prospekten und Katalogen und mit dem Computer	offen, freundlich, hilfsbereit, müssen gut mit Zahlen und Preisen umgehen können
Berufskraftfahrer	Güter und Produkte transportieren, Schreibarbeiten erledigen, Zollformulare ausfüllen, kleine Reparaturen selbst machen	in Lkws	mit Gütern und Produkten	sehr vorsichtig, pünktlich, zuverlässig

zu Seite 11 bis Seite 12: Zwei Brüder, zwei Firmen

2

1880		haben Adi und Rudolf Dassler eine Schuhfabrik gegründet.
1920		haben die Italiener bei der Fußball-Weltmeisterschaft gewonnen – angezogen von Puma.
1924		hat es in Herzogenaurach schon 25 Schuh-Fabriken gegeben.
1936	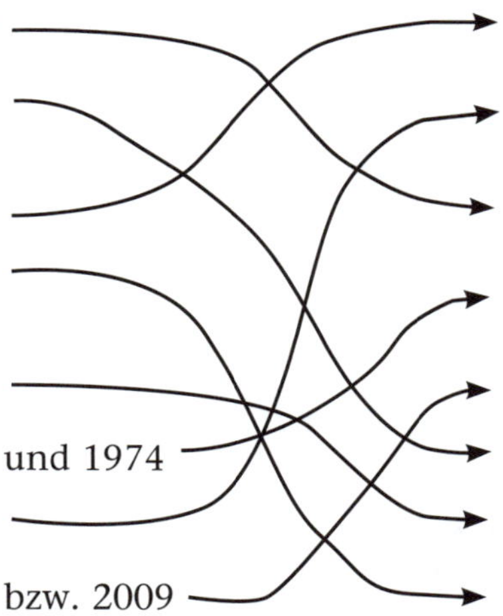	ist das Fußball-Team aus Deutschland mit Adidas-Schuhen Weltmeister geworden.
1948		haben beide Firmen ihren sechzigsten Geburtstag gefeiert.
1954 und 1974		haben die Brüder Dassler die ersten Sportschuhe produziert.
2006		hat Rudolf Dassler seine eigene Firma gegründet.
2008 bzw. 2009		hat Jesse Owens in Dassler-Schuhen vier Goldmedaillen gewonnen.

3

		Adi	Rudolf	beide
a	Sein Vater war Schuhmacher von Beruf.	☐	☐	☒
b	Er war sportlich.	☐	☐	☒
c	Seine Schuhe hat er selbst getestet.	☐	☐	☒
d	Freunde haben ihn „Puma“ genannt.	☐	☒	☐
e	Drei Buchstaben vom Vornamen, drei Buchstaben vom Familiennamen – so heißt die Firma auch heute noch.	☒	☐	☐
f	Seine Firma arbeitet viel mit Fußball-Teams zusammen.	☐	☐	☒
g	Er ist schon vor vielen Jahren gestorben.	☐	☐	☒

zu Seite 13 bis Seite 15: Mehr Krippenplätze, mehr berufstätige Frauen?!

1

Gute Ausbildung, einfache Teilzeit-Tätigkeiten
Noch nie waren Frauen so gut ausgebildet wie heute: Sechs von zehn Hochschulabsolventen ...

Kinder verändern die Karriere
Dabei haben Männer und Frauen heute die gleichen Chancen in Ausbildung und Beruf - bis sie etwa 30 Jahre alt sind. Doch wenn Frauen Kinder bekommen, ändert sich ...

Pläne für mehr Kinderbetreuung
Beruf und Familie miteinander vereinbaren - das ist in Deutschland also zurzeit noch sehr schwierig. Die Situation soll aber bald besser werden.

Die Gewinner: familienfreundliche Firmen
Familienfreundlichkeit ist nicht nur für die Politik sehr wichtig, sondern auch für die Wirtschaft. Viele Mitarbeiterinnen kommen nach der Babypause wieder gerne an den Arbeitsplatz zurück, wenn ...

2

1 In Deutschland gibt es heute
a sehr viele Frauen mit Universitätsabschluss.

2 Frauen und Männer haben am Anfang die gleichen Chancen in Ausbildung und Beruf. Das ändert sich für die Frauen, wenn
c sie Kinder bekommen und bei ihnen bleiben.

3 Frauen möchten Kinder haben und gleichzeitig weiter berufstätig sein. Das ist schwierig, denn
b in Deutschland gibt es nicht genug Kinderbetreuung.

4 Nach der Geburt von einem Kind gibt es Elterngeld. Eltern bekommen es für maximal 14 Monate, wenn
b der Vater das Kind zwei Monate betreut.

5 Auch für Firmen und Betriebe ist es wichtig, dass Mütter wieder an ihren Arbeitsplatz zurückkommen. Manche bieten flexible Arbeitsformen an, das heißt:
a Frauen können zu Hause arbeiten.

6 Wenn Mütter nach der Geburt eines Kindes bald wieder in die Arbeit kommen, ist das für eine Firma gut. Denn dann
c wechseln die Mitarbeiter nicht so oft.

zu Seite 16 bis Seite 18: Drei junge Leute machen ihr Hobby zum Beruf

2

Richtig sind a, d und e.

3

a 4; b 3; c 5; d 6; e 1; f 2.

4

Zum Beispiel:

a (weil sein Vater) ihn als Kind in die Berge mitgenommen hat.
b holt Amod sie vom Flughafen ab und bespricht mit Ihnen die Tour.
c sie wollte noch etwas Neues erleben.
d (weil) sie Luxus liebt und sie die Landschaft dort sehr schön findet.
e (dass sein Sohn) in seiner Firma arbeitet.
f (wenn) das Wetter schlecht ist.

zu Seite 19 bis Seite 20: Schnitzel aus dem Toaster: Wie Essgewohnheiten sich ändern

2

a Köchte im Fernsehen kochen vie. Viele Menschen kochen hier nicht.

b Das Essen soll gut schmecken und gesund sein. Wichtig ist, dass man es schnell und einfach kochen kann, denn viele Leute arbeiten und haben wenig Zeit zum Kochen.

c Lebensmittel-Hersteller bieten Fertiggerichte an. Diese kann man auf einer Messe kennenlernen.

d Fertiggerichte muss man nicht kochen. Man muss sie nur warm machen und kann sie dann essen.

3

a Magazine schreiben regelmäßig über das Thema Essen.

b Immer mehr Menschen leben allein.

c Man braucht keine Töpfe zum Kochen.

d Das Schnitzel aus dem Toaster war besonders interessant und ungewöhnlich.

zu Seite 21 bis Seite 22: Warum Großraumbüros und Kaffeeküchen für die Arbeit wichtig sind

2

a flexibel (sein)	in einer Gruppe arbeiten
b kommunikativ (sein)	so arbeiten, dass das Ergebnis gut ist und nicht so viel Geld gekostet hat; wirtschaftlich arbeiten
c effizient (sein)	wichtig sein
d in einem Team arbeiten	einen Arbeitsplatz für eine bestimmte Zeit reservieren oder mieten
e an einem Projekt arbeiten	offen sein, gerne mit anderen sprechen, andere gerne und genug informieren
f einen Schreibtisch buchen	zwei Leute unterhalten sich und kein anderer hört zu
g ein Gespräch unter vier Augen führen	sich für eine bestimmte Zeit mit einer Aufgabe beschäftigen
h eine wichtige Rolle spielen	sich und sein Verhalten leicht verändern können, wenn es nötig ist; mobil sein

3

Richtig sind: a und c.

4

a Wenn man sich mit Kollegen unterhalten möchte, geht man am besten	an den Schreibtisch im Großraumbüro.
b Lange Telefongespräche macht man	am Schreibtisch im Großraumbüro.
c Oft bekommt man neue Ideen in Gesprächen	in der „Denkerzelle“.
d Alltägliche Aufgaben erledigt man	in die „Denkerzelle“.
e Wenn man nachdenken muss und keine anderen Gespräche hören will, geht man	in der Kaffeeküche.
f Wenn ein Projekt zu Ende ist, dann kommt ein anderer Mitarbeiter	in die Kaffeeküche.

zu Seite 23 bis Seite 25: Klimawandel – Autowandel?

1

Das Auto fährt. Es verbraucht *Benzin*.
Benzin verbrennt. Es entsteht *Kohlendioxid* (CO_2).
Das Auto stößt CO_2 aus. Der durchschnittliche CO_2-*Ausstoß* ist in Deutschland 160 g/km.
CO_2 macht die *Atmosphäre* kaputt. Auf der Erde wird es wärmer.
Weil sich das *Klima* ändert, gibt es *Naturkatastrophen*.
Autos müssen *umweltfreundlicher* werden.

2

- [5] Mit der Auto-Umwelt-Liste kann man sich über den CO_2-Ausstoß informieren.
- [1] Das Erfolgsrezept der Autohersteller war bisher „größer, stärker, schneller".
- [4] Für manche Leute ist der Klimaschutz nicht das Wichtigste beim Autokauf.
- [2] In Zukunft dürfen die Autos nicht mehr so viel Kohlendioxid ausstoßen.
- [1] Deutsche Automarken sind auf der ganzen Welt sehr beliebt.
- [4] Für das Hobby „schnell fahren" müssen Autofahrer mehr bezahlen.
- [3] Die deutsche Autoindustrie muss neue Technologien entwickeln.
- [5] Viele Umweltschützer möchten, dass die Politik noch mehr für den Klimaschutz macht.
- [3] Hybridautos sind teurer. Trotzdem interessieren sich viele Kunden dafür.
- [2] Autos müssen umweltfreundlicher werden.
- [3] Der Autoproduzent Toyota ist mit seinen Hybridmotoren zurzeit die Nummer 1.

3

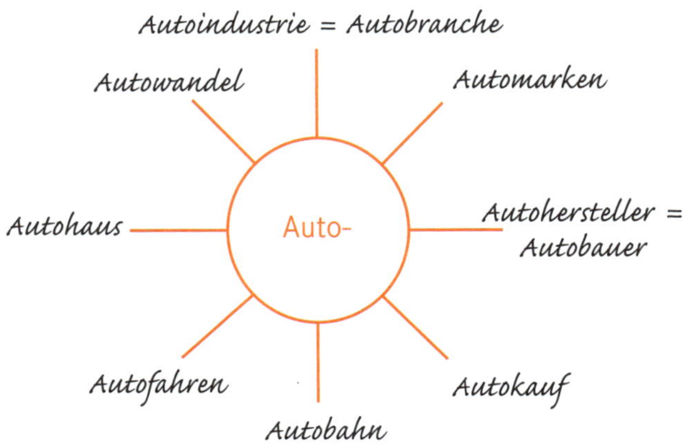

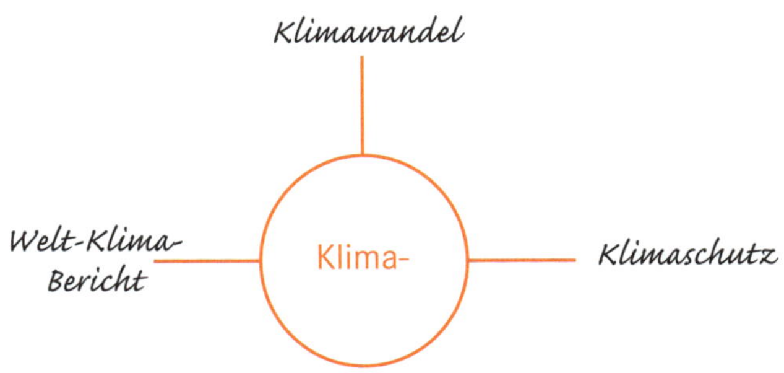

zu Seite 26 bis Seite 27: Die Zukunft liegt bei 50 plus

1

Diese Angaben sind Circa-Angaben!
Kinder: ca. 1 - 13 Jahre; Jugendliche: 14 - 19 Jahre; junge Erwachsene: 20 - 30 Jahre; Erwachsene: 30 - 45 Jahre; Menschen in mittleren Jahren: 46 - 55 Jahre; ältere Menschen: 55 - 65 Jahre; Senioren: ab 65 Jahre; alte Menschen: ab 80 Jahre.

a

In Zukunft ist die Altersgruppe der über 60-Jährigen am stärksten.

2

Die Generation 50 plus	*2*
Was macht die Wirtschaft, wenn die Menschen älter werden?	*1*
Technische Verbesserungen von Produkten haben Erfolg	*4*
Erfolgreiche Angebote für die Generation 50 plus	*3*

3

Wie wird die Generation 50 plus beschrieben?	Was möchte sie?	Was bietet die Wirtschaft für sie an?
vital, aktiv, selbstbewusst, lebensfroh, gut informiert, sehr kritisch	*gesund und jung bleiben, jung aussehen*	*Wellness-Urlaube, ein Kosmetikprogramm für die ältere Haut, Walking-Schuhe, technische Neuheiten bei Autos wie Einparkhilfen, höhere Sitze, niedrigere Kofferräume, Koffer auf Rollen*

zu Seite 28 bis Seite 29: Auf leisen Rädern in die weite Welt

1b

a Das Produkt ist angeblich eine Erfindung aus Amerika. Sylvan N. Goldman, Besitzer von mehreren Supermärkten in Oklahoma, montierte 1937 unter seine Gartenstühle Rollen und erfand so den Einkaufswagen.
b Weil es in Supermärkten eng ist.
c Im deutschen Sprachraum gibt es den Einkaufswagen seit den 1950er Jahren.
d Lebensmittel, einen Getränkekasten, Kleidung etc.

2

geräumig, praktisch, leise, stabil, gut lenkbar, sicher

3

ein bequem**er** Sitz für ein klein**es** Kind
ein praktisch**es** Münzpfandschloss zum Abschließen
viel Platz für groß**e** und schwer**e** Getränkekästen
mit praktisch**em** Haken für Ihre Einkaufstasche
besonders leis**e** und gut fahrbar**e** Räder
mit geräumig**em** Korb für den groß**en** Einkauf
ein sicher**er**, stabil**er** und gut lenkbar**er** Wagen

zu Seite 30 bis Seite 31: Mal schnell kurz weg – Städtereisen beliebt wie noch nie

2

- [C] Beliebte Reiseziele
- [B] Warum Leute gerne in Städte reisen
- [D] Wie manche Städte noch mehr Touristen gewinnen wollen
- [A] Immer mehr Städtereisen im Angebot

3

		richtig	falsch
a	Immer mehr Leute fahren in die Berge.	☐	☒
b	Wenn man nicht viel Zeit hat, fährt man in eine Stadt.	☒	☒
c	Besucher kommen dann, wenn es etwas Besonderes zu sehen gibt.	☒	☐
d	Viele Menschen finden Großstädte attraktiv.	☒	☐
e	Regensburg ist eine moderne Stadt.	☐	☒
f	Nach Hamburg fährt man nur, weil es dort Musicals gibt.	☐	☐

4

a Viele Berufstätige fahren gerne für ein paar Tage in eine andere Stadt, denn sie möchten sich vom Stress in der Arbeit erholen. / denn sie brauchen eine kleine Pause.

b Große Städte sind für viele Menschen interessant, weil es dort viele Freizeit- und Unterhaltungsmöglichkeiten gibt. / weil man dort viel unternehmen kann.

c Regensburg ist keine große Stadt. Trotzdem kommen immer mehr Besucher. / steigen die Besucherzahlen.

d Für die Städte ist es wichtig, dass viele Touristen kommen. Deshalb rufen manche Städte neue Veranstaltungen ins Leben. / verbessern viele Städte ihr Angebot.

e Hamburg baut ein neues Musical-Theater. Denn man weiß, dass viele Leute gerne Musicals besuchen und deshalb nach Hamburg kommen.

zu Seite 32 bis Seite 33: Eine Stelle finden, aber wie?

1

Stellenanzeigen in Zeitungen, Jobbörsen im Internet, über Beziehungen (Freunde und Verwandte) bzw. das persönliche Netzwerk, „Headhunter" oder Personalvermittlungsbüros, Zeitarbeitsfirmen, Arbeitsagenturen, Blindbewerbungen etc.

3 **Zum Beispiel:**

a Hanna M. hat einen Informationsdienst abonniert, weil sie bundesweit eine Stelle sucht.

b Katharina H. hat über persönliche Kontakte gesucht, weil sie dachte, dass sie so am leichtesten eine Stelle findet.

c Henri S. hat ein Praktikum gemacht, weil er schon in der Schule gute Erfahrungen damit gemacht hat und gehofft hat, eine feste Stelle zu bekommen.

5

1c; 2e; 3d; 4b; 5a

zu Seite 34 bis Seite 35: Richtig angezogen zum Bewerbungsgespräch

2 **Zum Beispiel:**

Auch wichtig bei Bewerbungsgesprächen: das Aussehen (Absatz 1)

Was Frauen tragen / nicht tragen sollten (Absatz 2)

Was Männer tragen / nicht tragen sollten (Absatz 3)

Gepflegte Haare, Hände und Zähne! (Absatz 4)

3

	♀	♂
KLEIDUNG ☺	Hosenanzug oder Kostüm Bluse oder elegantes Shirt	Anzug mit Hemd und Krawatte evt. Stoffhose mit Hemd oder Poloshirt
☹	zu tiefer Ausschnitt bei Blusen zu kurze Röcke zu viel Haut (Ärmel!)	Anzüge, die nicht passen (zu kurz, zu weit) bunte Krawatte
SCHUHE und STRÜMPFE ☺	Strümpfe in einer natürlichen Farbe Schuhe aus Leder eine Handtasche, die zu den Schuhen passt	Anzüge, die nicht passen (zu kurz, zu weit) bunte Krawatte
☹	zu hohe Absätze keine Strümpfe	weiße oder buunte Socken Socken, die zu kurz sind
SCHMUCK, PARFUM, MAKE-UP	wenig Schmuck, wenig Parfum, wenig Make-up	Uhr und evt. Ehering

zu Seite 36 bis Seite 38: Auf Umwegen zum Ziel: Hilft ein Praktikum, eine Stelle zu finden?

1 **Zum Beispiel:**

Man macht ein Praktikum, damit man erste Berufserfahrungen sammeln kann.
Ein Praktikum lohnt sich, um die Arbeitswelt kennenzulernen.
Es ist gut, vor der Ausbildung ein Praktikum zu machen, weil man sich auf diese Weise beruflich orientieren kann.
Ein Praktikum bietet einem die Möglichkeit, sich beruflich zu orientieren.
Man macht ein Praktikum nicht nur, um Gelerntes zu üben, sondern auch, um Neues zu lernen.
Ein Praktikum lohnt sich, um den Berufswunsch noch einmal zu überprüfen.

2 **Zum Beispiel:**

In Deutschland wurden in den letzten Jahren 300.000 Stellen mit ehemaligen Praktikanten besetzt. Ein Praktikum kann also dabei helfen, eine Stelle zu finden: besonders dann, wenn man es richtig macht.

3

a, c, e und g.

4

1 b; 2 c; 3 a; 4 b; 5 a

zu Seite 39 bis Seite 41: Das starke Geschlecht? Warum Männer kürzer leben als Frauen

2 **Zum Beispiel:**

1. Abschnitt: Frauen leben fast überall auf der Welt länger als Männer.
2. Abschnitt: Viele Männer werden schon als Kind dazu erzogen, weniger auf ihre Gesundheit zu achten.
3. Abschnitt: Für Mädchen und Frauen sind Gespräche über Gesundheit und regelmäßige Arztbesuche normal, Männer finden das oft „unmännlich".
4. Abschnitt: Männer gehen seltener und oft zu spät zum Arzt, weil sie Angst haben, Ärger am Arbeitsplatz zu bekommen.
5. Abschnitt: Damit Männer sich mehr um ihre Gesundheit kümmern können, bieten manche Ärzte Sprechstunden am Arbeitsplatz an.
6. Abschnitt: Es gibt bereits Zentren für Männergesundheit, weil man weiß, dass Männer fast genauso alt werden wie Frauen, wenn man sich richtig um ihre Gesundheit kümmert.

3 **Zum Beispiel:**

Das Thema des ersten Abschnitts ist, dass Frauen im Allgemeinen älter werden als Männer.
Der zweite Abschnitt spricht davon, dass Männer ungesünder und gefährlicher leben, weil sie oft schon als Kind dazu erzogen werden, weniger auf sich zu achten.
Im dritten Abschnitt geht es darum, dass es für Frauen normal ist, sich regelmäßig um ihre Gesundheit zu kümmern, während Männer das häufig „unmännlich" finden.
Die Hauptidee des vierten Abschnitts ist, dass Männer auch aus Angst vor Ärger am Arbeitsplatz weniger zum Arzt gehen.
Der fünfte Abschnitt handelt davon, dass die Medizin immer mehr auf die Probleme der Männer reagiert und Ärzte deshalb Sprechstunden am Arbeitsplatz anbieten.
Im letzten Abschnitt geht es darum, dass es Einrichtungen speziell für die Gesundheit von Männern gibt, weil man weiß, dass Männer fast genauso alt werden wie Frauen, wenn man sich richtig um ihre Gesundheit kümmert.

5 **Zum Beispiel:**

Nun, ich vermute, dass das ruhige Leben im Kloster gut für die Gesundheit ist. Mönche haben einen regelmäßigen Tagesablauf, sie bekommen immer zu den gleichen Tageszeiten gesundes Essen. Ich glaube, dass Mönche auf Alkohol und Nikotin (fast) ganz verzichten. Außerdem müssen sie sich nicht immer wieder um die Organisation des Tages und um Geld kümmern. Deshalb haben sie sicher weniger Stress und Sorgen. Ich denke auch, dass ihr Glaube und die regelmäßigen Gebete für innere Ruhe und eine gesunde Seele sorgen. Mönche leben in einer festen Gemeinschaft, auf die sie sich verlassen können. Sie sind mit Menschen zusammen, die dasselbe denken und glauben.

zu Seite 42 bis Seite 45: Leistungsbereit und belastbar: Was bedeuten diese Wörter in Stellenanzeigen eigentlich?

2

belastbar: In diesem Wort steckt *Last* (= ein schweres Gewicht). Die Endung *-bar* heißt *man kann.* Eine Person, die belastbar ist, kann also viel tragen oder – anders ausgedrückt – gut mit Stress umgehen.
teamfähig: Hier stecken die Wörter *Team* und *fähig*. Eine Person, die teamfähig ist, ist in der Lage, im Team zu arbeiten.
kommunikationsfähig: Dieses Wort enthält die Wörter *Kommunikation* und *fähig*. Eine Person, die kommunikationsfähig ist, kann also gut mit anderen Menschen kommunizieren, das heißt: gut mit ihnen umgehen, sie verstehen und sich verständlich machen.

3

Eigenschaft	Was bedeutet das?	Was bedeutet das nicht?
belastbar	den Überblick nicht verlieren wissen, was wichtig ist Prioritäten setzen auch unter Druck zuverlässig und gut arbeiten damit umgehen können, wenn nichts Aufregendes passiert Routinearbeiten erledigen	alles gleichzeitig machen können
teamfähig	ein gemeinsames Ziel mit Kollegen haben sich integrieren können sich an Absprachen halten helfen und sich helfen lassen	glauben, dass man wichtiger ist als die anderen denken, dass nur die eigene Arbeit zum Erfolg geführt hat
kommunikationsfähig	sagen, was man will und verstehen, was andere wollen die eigenen Wünsche und Vorstellungen verständlich machen und die der anderen verstehen gut zuhören können taktvoll sein Kompromisse machen	viel telefonieren ständig reden

4

a kommunikationsfähig   b leistungsbereit   c belastbar   d belastbar   e teamfähig

zu Seite 46 bis Seite 47: Aufschwung oder Abschwung: Fachkräfte werden immer gesucht

1

Aufschwung

Abschwung

2

Der Aufschwung: Die Wirtschaft wächst. / Es gibt mehr Aufträge. / Die Zahl der Arbeitslosen nimmt ab. / Die Zahl der offenen Stellen steigt. / Die Firmen machen Gewinne.

Der Abschwung: Die Wirtschaft schrumpft. / Es gibt weniger Aufträge. / Die Zahl der Arbeitslosen nimmt zu. / Die Zahl der offenen Stellen sinkt. / Die Firmen machen Verluste.

3

a	Bei einem Aufschwung haben einige Branchen Personal-Probleme, weil sie nicht genug Fachkräfte finden.	Zeile 5 bis 7
b	Wenn hier mehr qualifizierte Arbeitskräfte aus dem Ausland arbeiten könnten, würde es das Problem des Fachkräfte-Mangels vielleicht nicht geben.	Zeile 9 bis 11
c	Viele Firmen stellen keine Arbeitskräfte aus dem Ausland ein, weil ihnen das zu teuer ist.	Zeile 11 bis 14
d	Damit junge Leute später technische oder naturwissenschaftliche Berufe wählen, müssen sie schon in der Schule Fächer wie Mathematik, Informatik, Naturwissenschaft und Technik haben.	Zeile 15 bis 18
e	Um Mädchen für technische Berufe zu interessieren, gibt es bei vielen Firmen sogenannte „Girls' Days“.	Zeile 18 bis 21

zu Seite 48 bis Seite 50: Wie Container die Welt verändert haben

1

Auf dem Bild sieht man, wie ein Schiff beladen wird. Die Waren werden in Containern mit dem Lkw zum Hafen bzw. ans Schiff gefahren. Von dort aus heben Kräne sie auf das Schiff.

2 **Zum Beispiel:**

Abschnitt 1: Unsere Alltagsgegenstände sind international
Abschnitt 2: Container machen den weltweiten Warenhandel möglich
Abschnitt 3: Wer hat den Container erfunden?
Abschnitt 4: Kein Welthandel ohne Container-Schiffe

3

a Das bedeutet, dass wir heute Dinge benutzen, die nicht in unserem Heimatland hergestellt worden sind, sondern anderswo auf der Welt: Unsere Kleider wurden zum Beispiel in China genäht, unsere Autos in Japan gebaut und unsere Computer in Amerika produziert. Natürlich werden auch Güter und Waren aus dem deutschen Sprachraum nicht nur dort gekauft, sondern sind fast überall auf der Welt zu finden.

b Der Container. Da Waren nun in Containern mit Standardmaßen befördert werden, kann man sie überall auf der Welt leicht und bequem vom Schiff laden und weitertransportieren.

c Malcolm McLean kommt aus Amerika und hat in den 30er Jahren als Lastwagenfahrer gearbeitet. Es ärgerte ihn, dass das Entladen seines Lastwagens so lange dauerte. Also gründete eine eigene Transportfirma und entwickelte Boxen, in denen er seine Waren transportierte und besser von einem Transportmittel auf ein anderes laden konnte. Damit war die Idee des Containers und der geschlossenen Transportkette geboren.

d Der Satz bedeutet, dass weltweit fast alle Güter und Waren auf Container-Schiffen transportiert werden.

4

Die Firma INTERFRACHT kümmert sich um den Transport von Waren mit dem Schiff. Sie wählt das passende Transportmittel aus, um die Waren zum Schiff zu bringen. Dort werden die Waren richtig verpackt und aufs Schiff geladen. Auch Formalitäten mit dem Zoll und mit Versicherungen erledigt INTERFRACHT für ihre Kunden

5

Firma A: mit dem Flugzeug; Firma B: mit dem Lkw; Firma C: mit dem Güterzug; Firma D: mit dem Schiff

zu Seite 51 bis Seite 53: Stimmt so!

1

a Mit „Bargeld“ meint man Geldscheine und Münzen.

c Trinkgeld ist Geld, das man zusätzlich zu einer Rechnung gibt. Kellnern gibt man zum Beispiel Trinkgeld, wenn man mit dem Essen und wie es gebracht wurde, zufrieden war.

d Viele Eltern geben ihren Kindern Taschengeld. Meistens ist das ein bestimmter Betrag, der für eine bestimmte Zeit reichen muss. Die Kinder dürfen oft selbst entscheiden, was sie mit dem Geld tun.

e Viele Angestellte bekommen einmal im Jahr Urlaubsgeld von ihrem Arbeitgeber. Es wird zusätzlich zum Gehalt gezahlt, damit sich Arbeitnehmer den Urlaub leisten können.

f Bezahlt man zum Beispiel im Supermarkt einen Rechnungsbetrag von neun Euro mit einem 10-Euro-Schein, dann bekommt man einen Euro zurück. Das nennt man Wechselgeld.

g „Kindergeld“ ist ein bestimmter Betrag, den Eltern jeden Monat pro Kind vom Staat bekommen.

2

Der Text handelt vom Trinkgeld.

3

1a; 2b; 3b; 4a; 5a; 6b

4

Trinkgeld heißt *Trinkgeld*, weil sich die Kutscher und Gastwirte im 18. Jahrhundert von dem „Geldgeschenk“ oft etwas zu trinken kauften.